Portugal

Die Autorinnen

Heidrun Reinhard

Die Kunsthistorikerin und freie Autorin aus München lebte viele Jahre in der Nähe von Sintra und betrachtet Portugal als ihre zweite Heimat.

Elke Homburg

Die Münchner Journalistin ist Autorin zahlreicher Reiseführer. Portugal kennt sie seit drei Jahrzehnten und bereist das Land seither immer wieder mit Vergnügen.

Das System der  **Sterne**

Auf Ihrer Reise weisen Ihnen die Polyglott-Sterne den Weg zu den bedeutendsten Sehenswürdigkeiten aus Natur und Kultur. Für die Vergabe orientieren sich Autoren und Redaktion am UNESCO-Welterbe.

*** eine Reise wert   ** einen Umweg wert   * sehr sehenswert

Unsere Preissymbole bedeuten:

Hotel (DZ)		Restaurant (Menü)	
●●●	über 120 €	●●●	über 20 €
●●	60 bis 120 €	●●	10 bis 20 €
●	unter 60 €	●	unter 10 €

POLYGLOTT **Top 12** .... Umschlag vorne

Reiseplanung

Die Reiseregion im Überblick 8
Die schönsten Touren 10
Die Höhepunkte Portugals in zwei Wochen 10
   Porto › Douro-Tal › Braga › Guimarães › Buçaco
   › Coimbra › Alcobaça › Batalha › Fátima › Tomar
   › Lissabon › Évora › Beja › Albufeira
Am Atlantik entlang in 10 Tagen
(mit Übernachtung in Pousadas) 13
   Sagres › Cabo de São Vicente › Sines › Alcácer
   do Sal › Tróia › Setúbal › Lissabon › Queluz ›
   Peniche › Óbidos › Nazaré › Alcobaça › Batalha
   › Coimbra › Aveiro › Guimarães › Braga › Ponte
   de Lima › Viana do Castelo › Porto
Einwöchige Weinreise durch die Anbaugebiete
Douro, Dão und Alentejo 15

   Porto › Amarante › Vila Real › Pinhão › Lamego
   › Viseu › Castelo Branco › Castelo de Vide ›
   Marvão › Estremoz › Vila Viçosa › Évora ›
   Lissabon
Touren in der Region – Übersicht 16
Klima und Reisezeit 17
Anreise 18
Reisen im Land 18
Sport und Aktivitäten 20
  Special **Kinder**
   »Unterwegs mit Kindern« 24
Unterkunft 26
  Special **Pousadas**
   »Top-Design in alten Mauern« 28

Land & Leute

Steckbrief Portugal 32
  Zahlen & Fakten][Lage & Landschaft][
  Bevölkerung & Religion][Politik & Staat][
  Wirtschaft
Geschichte im Überblick 34

Natur und Umwelt.. 36

Kunst und Kultur 37
Architektur: Reconquista & Königreich][
Manierismus & Barock][Neoklassizismus &
Moderne][Literatur][Musik

Feste und Veranstaltungen............................... 43

Essen und Trinken....................................... 45

Unterwegs in Portugal

Nordportugal 50

Portugals zweitgrößte Stadt gab dem Land und dem berühmten
Wein ihren Namen. Die verwinkelte bürgerliche Handelsstadt
lädt zu Spaziergängen ein und zur Verkostung in den Portweinkellereien von Vila Nova de Gaia. Mit kulturellen Höhepunkten
wartet das historische Kernland u.a. in Guimarães und Braga auf,
der Nationalpark Peneda-Gerês lockt Naturliebhaber an.

Zur Orientierung 51
Touren in der Region 52
Unterwegs in Nordportugal 55
Porto][Guimarães][Braga][Barcelos][Viana
do Castelo][Nationalpark Peneda-Gerês][
Peso da Régua][Lamego][Pinhão][Miranda
do Douro][Bragança][Naturpark Montesinho
][Chaves][Vila Real][Serra de Alvão
Special **Portwein**
»Die Welt des Portweins«.................................. 65

Zentralportugal 78

Studenten halten die altehrwürdige Universitätsstadt Coimbra
jung. Das kulturelle Herzland Portugals beheimatet beeindruckende Klosteranlagen wie Alcobaça und Batalha sowie hübsche
Dörfer: kulturhistorische Tophits in Reichweite reizvoller Bade-
strände. Zu Stein geworden ist das Andenken an das Zeitalter der
Entdeckungen in der Christusritterburg von Tomar.

Zur Orientierung 79
Touren in der Region 80
Unterwegs in Zentralportugal 83
Coimbra][Conímbriga][Buçaco][Luso][Curía
][Aveiro][Viseu][Serra da Estrela][Leiria][

Batalha][Fátima][Alcobaça][Nazaré][Caldas da Rainha][Óbidos][Peniche][Tomar][Abrantes][Santarém

Lissabon und Umgebung 105

Maurisch, manuelinisch, modern – Portugals glanzvolle Kapitale zeigt ihren legendären Charme mit stimmungsvollen Vierteln, historischen und hochmodernen Bauten. Und vor den Toren Lissabons liegen der riesige Klosterpalast von Mafra, die Schlösser von Queluz und Sintra, der königlichen Sommerfrische, die portugiesische Riviera und windgepeitschte Kaps.

Zur Orientierung 106
Touren in der Region 107
Unterwegs in Lissabon 111
Rossio][Baixa][Praça do Comércio][Alfama][Avenida da Liberdade][Chiado][Bairro Alto][Museu Calouste Gulbenkian][Museu Nacional de Arte Antiga][Museu Oriente][Museu Nacional do Azulejo][Fronteira-Palast][Belém][Parque das Nações

Special   Fado
»Der Fado lebt!« 122
Die Umgebung von Lissabon 129
Mafra][Queluz][Sintra][Cabo da Roca][Praia do Guincho][Cascais][Estoril][Sesimbra][Serra da Arrábida][Setúbal][Palmela

Alentejo 136

Das wunderschöne Évora gilt als Perle des Alentejo. Auf den Spuren der Römer, Mauren und mittelalterlichen Herrscher führt die Reise durch die dünn besiedelte, weite Landschaft an Kornfeldern, Weingütern, Korkeichen- und Olivenbaumplantagen vorbei zu reizvollen Burgstädtchen in idyllischer Hügellage.

Zur Orientierung 137
Touren in der Region 137
Unterwegs im Alentejo 140
Évora][Arraiolos][Estremoz][Borba][Vila Viçosa][Castelo de Vide][Marvão][Elvas][Beja][Moura][Monsaraz][Mértola][Santiago do Cacém][Alcácer do Sal

Algarve 149

Während die Sandalgarve im Osten mit langen Sandstränden,
Lagunen und dem Naturpark Ria Formosa die stillere Seite des
maurischen Al-Gharb bildet, geht es an der Felsalgarve in puncto
Wind, Wellen und Tourismus turbulenter zu. Im Hinterland
locken Natur, kleine Städtchen, ein Thermalbad und Golfplätze.

Zur Orientierung 150
Touren in der Region 151
Unterwegs an der Ostalgarve 153
     Faro][Olhão][Ria Formosa][Tavira][Vila
     Real de Santo António][Castro Marim
Unterwegs an der Westalgarve 157
     Vilamoura][Albufeira][Silves][Serra de Mon-
     chique][Portimão][Lagos][Sagres][Cabo de
     São Vicente

Infos von A–Z 161

Register 164
Mini-Dolmetscher 168

Echt gut!

Die schönsten Golfplätze 22
Die schönsten Wellnesshotels 27
Die spannendsten Monumente der Moderne 40
Die schönsten Kaffeehäuser 45
Die besten Einkaufsadressen in Lissabon 113
Nightlife-Spots 128
Die schönsten Strände 156

Karten

Nordportugal 52
Porto 56
Zentralportugal 80
Coimbra 84
Lissabon und Umgebung 108
Lissabon 114
Alentejo 138
Algarve 150
Übersichtskarte .... **Umschlag hinten**

Reiseplanung

Die Reiseregion im Überblick][Die schönsten
Touren][Klima und Reisezeit][Anreise][Reisen
im Land][Sport und Aktivitäten][Unterkunft

Die Reiseregion im Überblick

Klein, aber oho! Neben dem großen Nachbarn Spanien nimmt sich Portugal bescheiden aus, doch auf kleiner Fläche bietet Portugal eine unglaubliche Vielfalt wechselnder Landschaftsbilder, die unterschiedlichste Urlaubsbedürfnisse befriedigen. Mehr als 800 km Atlantikküste sprechen für sich – aber auch Aktivurlauber und Kulturfans kommen voll und ganz auf ihre Kosten.

Porto, die zweitgrößte portugiesische Stadt und das Zentrum **Nordportugals,** stand lange im Schatten Lissabons, doch die Portweinmetropole hat aufgeholt und ist längst ein attraktives Städtereiseziel. Die steilen Weinterrassen am Douro sind ein Mekka für Weinliebhaber, gehören zweifellos zu den schönsten Landschaften des Landes und lassen sich wunderbar auf einer Flusskreuzfahrt erkunden. Die Strände der von Pinienwäldern gesäumten Costa Verde locken in den Sommermonaten Schwimmer und Surfer gleichermaßen an. Das Landesinnere hat besonders Naturliebhabern viel zu bieten. Wanderer schwärmen vom fruchtbaren Gartenland des Minho – vor allem Portugals einziger Nationalpark Peneda-Gerês ist eine Reise wert.

Kulturliebhaber zieht es nach **Zentralportugal.** Coimbra, die drittgrößte Stadt des Landes, ist quirlige Studentenstadt mit Tradition und Ausgangspunkt für die Erkundung der kulturellen Höhepunkte Zentralportugals: Tomar, die Burg der Christusritter, die Klöster Batalha und Alcobaça, aber auch der Wallfahrtsort Fátima gehören zum Pflicht-

Olivenbäume prägen neben Korkeichen die Landschaft des Alentejo

programm. Zwischen Lissabon und Coimbra locken ebenso bekannte Badeorte wie Figueira da Foz, Nazaré oder Peniche mit schönen Sandstränden und einer perfekten Infrastruktur. Noch zu entdecken sind die Gebiete der drei Beiras mit der auf fast 2000 m ansteigenden Gebirgslandschaft der Serra da Estrela (höchster Berg: Torre 1993 m), das einzige nennenswerte Wintersportgebiet des Landes.

Lissabon ist die glanzvolle Kapitale des Landes, eine Stadt, die stolz auf ihre alte Geschichte ist und sich zugleich längst zur europäischen Trendmetropole mit einem spannenden Nachtleben gemausert hat. Keinesfalls versäumen sollten Städtereisende Ausflüge ins Hügelland von Sintra

Lissabons Alfama

und an die nahe Sonnenküste mit den Badeorten Estoril und Cascais sowie dem Cabo da Roca, dem westlichsten Punkt Festlandeuropas.

Südlich des Tejo erstrecken sich die Weiten des dünn besiedelten **Alentejo,** der Kornkammer Portugals mit ihren Getreidefeldern, Weingütern, Korkeichen- und Olivenbaumplantagen. Auf einem Drittel der Fläche des portugiesischen Festlandes leben kaum 8 % der Bevölkerung. Der Alentejo öffnet sich dem Fremdenverkehr, aber von Massentourismus keine Spur: Die feinen Sandstrände der Costa Azul, die sich bis hinunter zur Algarve erstrecken, ziehen eher Individual- als Pauschalurlauber an; die hübschen kleinen Orte werden nach und nach restauriert, und vor allem der Weintourismus blüht, seit einige der Spitzenweine Portugals hier gekeltert werden.

Die südlichste Region ist die **Algarve,** die wegen ihrer traumhaften Strände nach wie vor beliebteste Urlaubsregion des Landes ist. Ist die raue Costa Vicentina nördlich vom Cabo de São Vicente noch wenig erschlossen, so boomt an der Westalgarve (Barlavento) mit ihren herrlichen Felsbuchten und der flachen, sandigen Ostküste (Sotavento) der Tourismus seit vielen Jahren. 3000 Sonnenstunden im Jahr machen diese Teile der Algarveküste zum Ganzjahresziel. Das schöne Hinterland, die vegetationsreiche Serra de Monchique, haben Radfahrer und Wanderer für sich entdeckt, und einige der schönsten Golfplätze Europas verlocken zum Putten mit Atlantikblick.

Die schönsten Touren

Die Höhepunkte Portugals in zwei Wochen

① Porto › Douro-Tal › Braga › Guimarães › Wald von Buçaco › Coimbra › Alcobaça › Batalha › Fátima › Tomar › Lissabon › Évora › Beja › Albufeira

Distanzen

Zeitangaben mit dem Pkw: Porto › Braga 40 Min.; Braga › Guimarães 20 Min.; Guimarães › Buçaco ca. 1,5 Std. über die A 1 und E 801; Buçaco › Coimbra ca. 45 Min. über die IC 2; Coimbra › Alcobaça ca. 1,5 Std. über die A 1, vorbei an Leiria, und die A 8; Alcobaça › Batalha ca. 30 Min.; Batalha › Fátima ca. 30 Min.; Fátima › Tomar ca. 45 Min.; Tomar › Lissabon ca. 1,5 Std. über die IP 6 und die A 1; Lissabon › Évora ca. 2 Std. über die Brücke Vasco da Gama auf der A 12 und A 6; Évora › Beja ca. 1 Std. über die IP 2; Beja › Albufeira ca. 2 Std. über die IP 2 und A 2.

Verkehrsmittel und Übernachtungen

Ausgangspunkt der Tour ist der Flughafen von Porto. Da Züge nur regelmäßig auf der Hauptstrecke Lissabon–Porto verkehren, empfiehlt es sich, am Flughafen Porto einen Pkw anzumieten, den man am besten schon in Deutschland vorbestellt. Alternativ fährt man mit dem Flughafenbus nach Porto und nimmt vor Beginn der Rundreise im Stadtbüro den Mietwagen entgegen. Die Autobahnen und Hauptstraßen sind inzwischen hervorragend ausgebaut und gut beschildert.

2–3 Übernachtungen in Porto, 1 Übernachtung in Guimarães, 1 Übernachtung in Coimbra, 1 Übernachtung in Tomar, 2–3 Übernachtungen in Lissabon, 1 Übernachtung in Évora und 1–2 Übernachtungen in Albufeira. Rückflug von Faro.

*Porto › S. 55, die Metropole des Nordes, lädt je nach Ankunft vor- oder nachmittags zum gemütlichen Stadtbummel ein. Nachmittags (oder am Vormittag des nächsten Tages) kann man in der Schwesterstadt **Vila Nova de Gaia** › S. 65 die Portweinkellereien besuchen und natürlich auch die feinen Weine kosten. Am nächsten Tag lädt die

Weinregion des **Douro-Tals** › S. 75 zur Erkundung mit dem Schiff ein. So verbringt man 2–3 Nächte in Porto, bevor man auf die eigentliche Rundreise geht. Erstes Ziel ist die Bischofsstadt ***Braga** › S. 68 mit ihren Kirchen und Palästen. Außerhalb der Stadt sollte man es nicht versäumen, die Wallfahrtskirche Bom Jesús do Monte zu besichtigen. Es bleibt Zeit, auch dem »Geburtsort Portugals«, ***Guimarães** › S. 67, mit seiner Burg einen Besuch abzustatten und dann vielleicht in der Pousada zu übernachten. Erste Station am nächsten Tag ist der berühmte ****Wald von Buçaco** › S. 90, der zu herrlichen Spaziergängen einlädt.

Weiter geht es in die Studentenstadt ****Coimbra** › S. 83, die man am Nachmittag erkundet. Abends kann man sich in den vielen netten Lokalen unter die Studenten mischen. Am nächsten Vormittag sollte man früh aufbrechen, denn es gilt ein stattliches Kulturprogramm zu absolvieren: die Klöster *****Alcobaça** › S. 98 und *****Batalha** › S. 96, die zum UNESCO-Weltkulturerbe zählen, **Fátima** › S. 97, der wichtigste Wallfahrtsort Portugals, und die beeindruckende *****Christusritterburg von Tomar** › S. 101, gleichsam Weltkulturerbe.

Von Tomar fährt man am nächsten Morgen weiter nach *****Lissabon** › S. 111, wo man den Rundgang am besten im ältesten Teil der Stadt – der ****Alfama** › S. 116 mit dem Kastell – beginnt. Am Nachmittag kann man durch die stimmungsvollen Viertel ***Chiado** und ***Bairro Alto** spazieren. Zum Pflichtprogramm gehört am nächsten Tag ein Abstecher nach *****Belém** › S. 124 zu den Monumenten der Manuelinik, die ans Zeitalter der Entdeckungen erinnern, wie das eindrucksvolle *****Mosteiro dos Jerónimos** (Achtung: Mo ist der Kreuzgang des

Blickfang der Rua Augusta in Lissabon: der Arco Triunfal (1873)

Am Cabo de Roca, dem westlichsten Punkt des europäischen Festlands

Hieronymitenklosters geschl.). Am Nachmittag bietet sich ein Einkaufsbummel an, z.B. in der Unterstadt **Baixa,** mit Einkehr in einem der wunderbaren Kaffeehäuser. Fans moderner Architektur zieht es zum **Parque das Nações** ❯ S. 126, dem ehemaligen EXPO-Gelände, wo man u.a. ein Meeresaquarium besuchen kann. Wer mehr von Lissabon und Umgebung sehen möchte, bleibt eine weitere Nacht und kann morgens ins Bergland nach ***Sintra** ❯ S. 130 fahren, um die Sommerresidenz der portugiesischen Könige zu besuchen. Mittags fährt man weiter zum *Cabo da Roca ❯ S. 132, zum westlichsten Punkt Festlandeuropas und an der Sonnenküste entlang zu den mondänen Badeorten **Cascais** und **Estoril** ❯ S. 133. Wer im Sommer unterwegs ist, sollte natürlich Badezeug einpacken.

Den Vormittag des Abreisetages kann man noch in Lissabon verbringen, denn auf der Autobahn ist man bis ***Évora** ❯ S. 140 nur zwei Stunden unterwegs. Im sanften Nachmittagslicht bummelt es sich wunderbar in der Hauptstadt des Alentejo. Für die Fahrt durch den Alentejo kann man sich Zeit lassen. Unterwegs sollte man die kleine Provinzstadt **Beja** ❯ S. 145 durchbummeln und natürlich haltmachen, um Korkeichen aus nächster Nähe zu betrachten. Dann geht es weiter an die Algarveküste, wo in **Albufeira** ❯ S. 157 gleich ein Bad im Meer lockt. Wer Zeit für ein paar Tage am Meer hat und mehr als nur baden möchte, kann einen Ausflug nach *Lagos ❯ S. 159 und *Sagres ❯ S. 160 unternehmen und sich am **Cabo de São Vicente** ❯ S. 160 den Wind um die Nase wehen lassen. Bei mehr Zeit kann man auch einen halbtägigen Ausflug ins Hinterland, in die *Serra de Monchique ❯ S. 158, einplanen. Vielleicht hat man noch Gelegenheit zu Aktivitäten wie Radfahren, Wandern oder Golfen, die an der Algarve rund ums Jahr möglich sind.

Am Atlantik entlang in 10 Tagen (mit Übernachtung in Pousadas)

② **Sagres › Cabo de São Vicente › Sines › Alcácer do Sal ›
Tróia › Setúbal › Lissabon › Queluz › Peniche › Óbidos › Nazaré
› Alcobaça › Batalha › Coimbra › Aveiro › Guimarães › Braga ›
Ponte de Lima › Viana do Castelo › Porto**

Distanzen

Zeitangaben mit dem Pkw: Sagres › Cabo de São Vicente 15 Min.;
Cabo São Vicente › Sines ca. 2,5 Std, über die N 268 und IC 4; Sines
› Alcácer do Sal ca. 1,5 Std. über die IP 8 und IC 1; Alcácer do Sal ›
Tróia ca. 1 Std. über die N 253 am Sado-Mündungsdelta entlang
und Tróia › Setúbal mit der Autofähre; Setúbal › Lissabon ca. 1 Std.
auf der A 2 über den Ponte 25 de Abril; Lissabon › Queluz ca.
30 Min.; Queluz › Peniche ca. 1 Std. über die A 8 und IP 6; Peniche
› Óbidos ca. 20 Min.; Óbidos › Nazaré ca. 30 Min. über die A 8;
Nazaré › Alcobaça ca. 30 Min. auf der Landstraße; Alcobaça › Batalha ca. 30 Min. auf der N 8; Batalha › Conímbriga ca. 1 Std. über
die IC 2 und A 1; Conímbriga › Coimbra ca. 30 Min.; Coimbra ›
Aveiro ca. 1 Std. über die A 1 und IP 5; Aveiro › Guimarães ca.
75 Min. über die A 3 und A 7; Guimarães › Braga ca. 30 Min. auf
der N 101; Braga › Ponte de Lima ca. 30 Min. über die A 3; Ponte de
Lima › Viana do Castelo ca. 45 Min. auf der N 202; Viana do Castelo › Porto ca. 1 Std.

Verkehrsmittel und Übernachtungen

Flug nach Faro und Mietwagen ab Flughafen von Deutschland aus
zu buchen. Etwa 2 Std. Fahrt auf der IC 1 nach Sagres. 1 Übernachtung in der Pousada Infante von Sagres, 2 Übernachtungen in der
Pousada D. Maria I von Queluz/Lissabon, 1 Übernachtung in der
Pousada Castelo von Óbidos, 2 Übernachtungen in der Pousada
Santa Cristina von Condeixa-a-Nova (bei Conímbriga), 1 Übernachtung in der Pousada Santa Marinha von Guimarães, 1–2 Übernachtungen in der Pousada Monte de Santa Luzia von Viana do
Castelo. Informationen über die meist in historischen Baudenk-
mälern eingerichteten Hotels unter www.pousadas.pt.

Die Fähren zwischen der Halbinsel Tróia und Setúbal verkehren
täglich halbstündlich. Am Abreisetag muss man 1 Std. Fahrt mit
dem Mietwagen auf der IC 1 zum Flughafen Porto einplanen; Rückflug von Porto.

»Wo das Land endet und das Meer beginnt …«: Von Faro aus geht es am ersten Tag an der Algarveküste entlang nach **Sagres** ❯ S. 160. Unterwegs kann man noch eine Badepause einlegen und die Aussicht am windumtosten **Cabo de São Vicente** auf sich wirken lassen. An der Costa Vicentina entlang fährt man am nächsten Tag weiter gen Norden und kann zwischendurch immer wieder die eine oder andere Traumbucht entdecken. In **Queluz** ❯ S. 129 steht natürlich der Besuch des Schlosses und seiner Gartenanlage an, die dortige Pousada ist aber auch ein stimmungsvoller Ausgangspunkt für die Erkundung von ***Lissabon*** ❯ S. 111. Von Queluz sollte man am nächsten Tag pünktlich abreisen, denn auf dem Weg nach Conímbriga gibt es allerhand zu entdecken: mehrere hübsche Strandorte wie **Peniche** ❯ S. 100 und **Nazaré** ❯ S. 99 (Badezeug griffbereit halten!), das hübsche **Óbidos** ❯ S. 100, aber auch die Klöster ***Alcobaça*** ❯ S. 98 und ***Batalha*** ❯ S. 96 sind unbedingt einen Besuch wert. In **Conímbriga** ❯ S. 89 locken die römischen Ausgrabungen, aber natürlich sollte man auch mindestens einen halben Tag für die Erkundung von **Coimbra** ❯ S. 83 reservieren. Auf dem Weg nach **Guimarães** ❯ S. 67 braucht man nicht zu eilen und plant am besten einen Abstecher nach **Braga** ❯ S. 68 ein. Auch zur letzten Station der Reise – **Viana do Castelo** ❯ S. 69 – ist es nicht weit. Hier kann man den hübschen Ort und den Strand genießen, bevor man sich am letzten Tag auf den Weg zum Flughafen macht. Je nach Abflug bleibt noch Zeit, **Porto** ❯ S. 55 auf dem Weg zu erkunden.

Zweihundert Jahre dauerte der Bau des Dominikanerklosters von Batalha

Einwöchige Weinreise durch die Anbaugebiete Douro, Dão und Alentejo

③ Porto › Amarante › Vila Real › Pinhão › Lamego › Viseu
› Castelo Branco › Castelo de Vide › Marvão › Estremoz › Vila
Viçosa › Évora › Lissabon

Distanzen

Zeitangaben mit dem Pkw: Porto › Amarante ca. 1 Std. auf der A 4;
Amarante › Vila Real ca. 45 Min. auf der IP 4; Vila Real › Pinhão ca.
2 Std. über die IP 4 und Alijo; Pinhão › Lamego ca. 1,5 Std, am südlichen Douro-Ufer entlang, über Pesão da Regua und die IP 3; Lamego › Viseu ca. 45 Min. auf der IP 3; Viseu › Castelo Branco ca.
2,5 Std. über IP 5, Guarda und IP 2; Castelo Branco › Castelo de
Vide ca. 1 Std. über die IP 2; Castelo de Vide › Marvão ca. 30 Min.
Fahrt; Marvão › Estremoz ca. 1,5 Std. über Portalegre und die IP 2;
Estremoz › Vila Viçosa ca. 15 Min. über die N 4; Vila Viçosa › Évora ca. 45 Min. auf der N 254; Évora › Lissabon 2 Std.

Verkehrsmittel und Übernachtungen

Der Flug nach Porto inkl. Mietwagen ab Flughafen ist von Deutschland aus zu buchen. 2 Übernachtungen in Porto, 1 Übernachtung
in Pinhão, 1 Übernachtung in Castelo de Vide, 1 Übernachtung in
Évora, 1–2 Übernachtungen in Lissabon, Rückflug von Lissabon.

*Porto › S. 55 ist der perfekte Ausgangspunkt für eine Weinreise durch
Portugal – schließlich wird hier der berühmteste Wein Portugals, der
Portwein, produziert. Je nach Ankunftszeit erkundet man am Nachmittag des ersten Tages oder am Vormittag des zweiten Tages die Stadt. Es
bleibt auf jeden Fall genug Zeit, sich in den Portweinkellereien der
Schwesterstadt **Vila Nova de Gaia** › S. 65 umzusehen. Am ersten Tag
der Rundreise erkundet man die Douro-Region am Oberlauf des tief in
die Schieferlandschaft eingegrabenen Flusses – sie existiert als umgrenzte Weinbauregion seit über 250 Jahren. Wurden hier ursprünglich
nur die schweren Portweine angebaut, so hat in den letzten Jahren eine
kleine Weinrevolution stattgefunden und neue Tafelweine sorgten für
Aufsehen. Auf dem Weg über **Amarante** und **Vila Real** nach **Pinhão**
› S. 74, im Herzen des Douro-Gebiets, können Weingüter besichtigt
werden. Weiter geht es am nächsten Tag über **Lamego** nach *Viseu
› S. 93. Die Weine aus der rings um Viseu gelegenen DOC-Appellation

Dão gehören zu den Spitzenweinen Portugals. Auf den Granitböden einer fruchtbaren Hochebene gedeihen vorzügliche Rot- und Weißweine. Viseu besitzt eine hübsche Altstadt, in der Umgebung liegen Weingüter, die edle Tropfen keltern. Mehrere Quintas laden zum Übernachten ein. Man kann über Castelo Branco weiterfahren bis **Castelo de Vide** mit einem Ortskern aus dem 16. Jh. ❯ S. 144. »Kalifornien Portugals« wird der Alentejo gern genannt, denn hier wie dort scheint die Sonne zuverlässig, was konzentrierte Weine ergibt. Außerdem wurde hier in den letzten Jahren eine ganz moderne Weinwirtschaft aufgebaut. Die Qualität der kräftigen Rotweine ist erstklassig. Neben der Besichtigung der Weingüter sollte man aber auch nicht versäumen, die Altstadt von ***Évora ❯ S. 140 zu erkunden.

Nach einer Nacht im Alentejo reist man nach ***Lissabon ❯ S. 111 und lässt den Abend etwa im Portweininstitut ❯ S. 119 ausklingen. Eine weitere Adresse für Weinliebhaber ist das Ausstellungs- und Degustationszentrum **Sala Ogival** (Praça do Comércio, Di–Sa 10–19 Uhr).

Touren in der Region

Touren in der Region	Region	Dauer	Seite
Das Minhogebiet – Heimat des Vinho Verde	Nordportugal	1–2 Tage	52
Flusskreuzfahrt auf dem Douro	Nordportugal	2 Tage	54
Trás-os-Montes: Hinter den Bergen	Nordportugal	1 Tag	54
Steinerne Zeugen portugiesischer Geschichte	Zentralportugal	2 Tage	80
Von Römern und Studenten	Zentralportugal	1 Tag	82
Im Sternengebirge	Zentralportugal	1 Tag	82
Lissabons Herz zu Fuß und per Bahn erobern	Lissabon	1 Tag	107
Wo sich Könige und Adel trafen	Umgeb. Lissabon	1 Tag	109
Die Halbinsel von Setúbal	Umgeb. Lissabon	1 Tag	110
Alto Alentejo	Alentejo	2 Tage	137
Baixo Alentejo	Alentejo	1 Tag	139
Buchten und Klippen – die Steilküste	Algarve	1 Tag	151
Dünen und Lagunen – die Flachküste	Algarve	1 Tag	152

Klima und Reisezeit

Der Atlantik beeinflusst das Klima in ganz Portugal. Die Nähe zum Ozean hält die Temperaturen niedriger als in vergleichbaren Breiten des Mittelmeers, es fallen mehr Niederschläge und das Wetter wechselt schneller. An den Küsten nördlich von Lissabon sind Regen und Nebel keine Seltenheit, die Sommer sind nie zu heiß. Die Winter sind mild – die Temperaturen sinken nicht unter den Gefrierpunkt. Kontinentale Temperaturextreme zwischen eisiger Winterkälte und gnadenloser Sommerhitze um die 40 °C kennzeichnen das Landesinnere im nördlichen Teil des Landes. In der Serra da Estrela liegt im Winter so viel Schnee, dass man dort Ski fahren kann. Während die Sommertemperaturen im Norden gemäßigt sind, klettern sie im Süden bis über 40 °C hinauf. An der Algarve, der wärmsten Region, sind die Winter frühlingshaft. Dort herrscht ganzjährig Reisewetter mit sagenhaften 3000 Sonnenstunden im Jahr, und wer auf das Baden verzichtet, kann die Küste zur Zeit der Mandelblüte im Januar/Februar erkunden. Aktivurlauber und Kulturfans finden

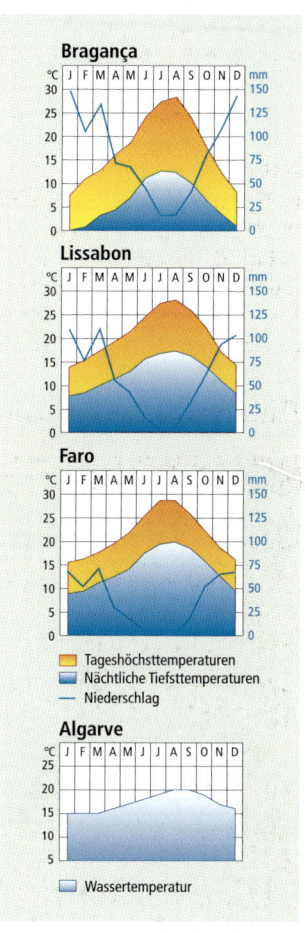

im späten Frühjahr sowie im September/Oktober ideale Temperaturen vor. Die besten Bademonate sind Juni, Juli und August, allerdings sind die Badeorte zur Hauptsaison entsprechend überfüllt. Der Atlantik ist auch im Sommer frisch – an der Westküste erinnern sommerliche Wassertemperaturen von 18 °C an Nord- und Ostsee, an der Algarve werden 19–22 °C gemessen. Dort kann man auch im September und Oktober wunderbar baden, da das Meer nur langsam abkühlt.

Anreise

TAP-Air Portugal und Lufthansa fliegen von den deutschen Drehkreu-
zen Frankfurt und München Portugals **internationale Flughäfen** Lissabon und Porto mehrmals in der Woche an; TAP bedient zudem Berlin,
Wien, Zürich und Genf (www.tap-airportugal.de). Diverse Charter-
und Billig-Fluggesellschaften fliegen von vielen deutschen Flughäfen
sowie auch von Salzburg, Basel u.a. auch nach Faro (Algarve). In Beja in
der Region Alentejo eröffnete 2011 ein neuer Flughafen.

Für **Autoreisende** (Entfernung München–Lissabon rund 2500 km)
sind die wichtigsten Grenzübergänge Valença do Minho im Norden,
Vilar Formoso in Zentralportugal und Caia (Elvas) im Süden. Achtung:
Die grüne Versicherungskarte ist in Portugal Pflicht. Im Sommer gibt es
Autoreisezüge (frühzeitig reservieren!) von verschiedenen deutschen
Städten bis Narbonne in Südfrankreich bzw. von Paris bis Madrid
(www.autozug.de).

Reisen im Land

Im Alentejo ticken die Uhren
noch etwas langsamer

Flüge

Die wichtigsten Inlandsflüge verbinden Lissabon mit Porto und
Faro und werden von TAP und
anderen nationalen Fluggesell-
schaften bedient.

Bahn

Moderne Expresszüge *(rápidos)*
verkehren auf der Hauptstrecke
zwischen Lissabon und Porto, sie
sind reservierungspflichtig. Eine
Schnellzugverbindung   besteht
auch zwischen Lissabon und der
Algarveküste. Auf den übrigen
Bahnstrecken ins Hinterland fahren nur Bummelzüge, z.T. aber
durch erlebnisreiche Landschaften wie auf der Küstenlinie Viana
do   Castelo–Caminha,   auf   der

Douro-Linie Porto–Peso da Régua oder auf der Tua-Linie (Schmal-spurbahn) bis Mirandela.

Fahrkarten müssen stets vor der Fahrt gelöst werden. Bei mehrfacher Bahnbenutzung ist eine Touristenkarte *(bilhete turistico)* für 7, 14 oder 21 Tage unbedingt empfehlenswert. Informationen über Fahrpläne und Tarife: www.cp.pt.

Busse

Ein dichtes Busnetz verbindet die meisten Orte des Landes miteinan-der, das beste Schnellbus-Netz hat Rede Nacional de Expressos (www.rede-expressos.pt).

Autofahren/Mietwagen

Mietwagen ❯ S. 162 sind günstiger, wenn man sie im Voraus oder als Fly-&-Drive-Arrangements bucht. Ein guter Reisebegleiter ist die **Stra-ßenkarte Nr. 733 von Michelin.**

Neben der Autobahn Setúbal–Lissabon–Porto–Braga (gebühren-pflichtig; Barzahlung oder mit portugiesischer Geldkarte) und der Al-garve-Autobahn, die von Albufeira bis zur spanische Grenze führt, wurden **Schnellstraßen** ausgebaut, z.B. Coimbra–Viseu (IP 3), Porto–Bragança (IP 4, A 4), Guarda–Albergaria (IP 5, Anschluss A 1 Lissabon–Porto).

⚠️ **Vorsicht** auf den Straßen ist geboten, denn nicht wenige portugie-sische Autofahrer neigen zu riskanter Fahrweise. Portugal liegt in der europäischen Unfallstatistik auf Platz 2. Zudem sind die Nebenstraßen oft schmal, unübersichtlich und mit schlechtem Fahrbahnbelag verse-hen. Fahren Sie vorausschauend und planen Sie ausreichend Zeit für Etappen ein.

Bei Pannen: Notruf 112. Mobile Hilfe bietet der Automóvel Club de Portugal (ACP) in Lissabon. Bei Unfällen und Pannen südlich von Coimbra gilt folgender Ruf, Tel. 213 180 100; bei Unfällen und Pannen nördlich von Coimbra wählt man Tel. 239 852 020; ferner Tel. 234 422 571; www.acp.pt.

Wichtige Verkehrsregeln

Die Geschwindigkeitsbegrenzung beträgt innerorts 50 km/h, auf Landstra-ßen 90 km/h (Pkw mit Anhänger 70 km/h), auf Autobahnen 120 km/h (unter einem Jahr Führerscheinbesitz und mit Anhänger 90 km/h). Alkoholisiertes Fahren wird streng kontrolliert und geahndet. Wer mit mehr als 0,5 Promille am Steuer erwischt wird, dem drohen hohe Geldbußen, der Entzug des Füh-rerscheins und, mit über 1,2 Promille, im Höchstfall Gefängnis. Das Mitfüh-ren von Warnwesten und das Anlegen im Notfall außerorts ist Pflicht.

Sport und Aktivitäten

Portugal bietet Freizeitmöglichkeiten ohne Ende. Nach wie vor erfreut sich der Badeurlaub an der Algarveküste größter Beliebtheit, und Wassersport steht an erster Stelle des Aktivprogramms. Aber hinter den Stränden lockt ein spannendes Hinterland: Dort können Aktivurlauber die ruhigen Seiten Portugals kennenlernen.

Wandern

Wanderer erwarten in den Naturparks und im ländlichen Hinterland unvergessliche Naturerlebnisse. Und seit auch bei den Portugiesen das Wandern an Popularität gewinnt, werden Wanderwege ausgezeichnet. Zuverlässige Wegmarkierungen und gutes Kartenmaterial sind jedoch noch rar. Wer gern in der Gruppe wandert, findet bei Veranstaltern wie Wikinger (www.wikinger.de) oder ASI (www.asi.at) Angebote.

Mountainbiking

Auch Mountainbiking wird immer populärer – vor allem im Hinterland der Algarve. In vielen Algarve-Badeorten findet man einen Fahrradverleih, aber auch in Évora (Alentejo), in der Serra da Estrela und im Nationalpark Peneda-Gerês werden Räder vermietet.

Buchung von geführten Touren an der Algarve (zu Fuß und per Rad) ist in Deutschland bei **Olimar Reisen** möglich (Tel. 02 21/20 59 00, www.olimar.de). Ausflüge im Alentejo veranstaltet **Turaventur** in Évora, Tel. 266 743 134, Fax 266 758 641, www.turaventur.com.

Rafting

Ein feucht-fröhliches Vergnügen ist der Ritt im Schlauchboot über Stromschnellen und wilde Wasserstrudel. Im nördlichen Zentralportugal gibt es einige Wildwasserflüsse, die für Rafting wie geschaffen sind – etwa den Rio Paiva, der später in den Douro fließt. AICEP › S. 162 hält Informationen zu Spezialveranstaltern bereit.

Windsurfen und Wellenreiten

Windsurfern bietet die Algarveküste zahlreiche Möglichkeiten, und an den meisten Stränden kann man Bretter ausleihen und Kurse buchen. Besonderer Beliebtheit erfreuen sich die Bucht von Martinhal bei Sagres und die Lagunen zwischen Faro und Monte Gordo im Osten. **Wellenreiter** schätzen an der Algarve vor allem Praia da Rocha, Könner sind westlich vom Kap Sagres unterwegs. Sowohl Windsurfer als auch Wellenreiter trifft man an der Costa de Lisboa – allerdings tummeln sich hier wegen der raueren Winde und höheren Wellen eher Profis als

Anfänger. Besonders beliebt sind der Dünenstrand Praia do Guincho und der Strand von Peniche. An den Küsten des Nordens sind Ericeira, Ofir, Figueria da Foz und Viana do Castelo beliebte Surfspots.

Die neue Trendsportart aber heißt **Kitesurfing:** Die nördlich von Lissabon gelegene Stadt Peniche, wo häufig ein kräftiger Wind weht, ist ein Mekka für Kitesurfer. Schulen unterrichten in Kleingruppen und stellen ihren Schülern die Ausrüstung wie Board und Kite, Helm, Schwimmweste und Neoprenanzug zur Verfügung, z.B. das Peniche Kite & Surf Center, Tel. 919 42 49 51, www.penichekitecenter.com.

Tauchen

Taucher schätzen vor allem die Westküste der Algarve, wo sie sich im klaren Wasser zwischen Felsriffs, Grotten und den Wracks versunkener Schiffe tummeln können, aber auch die Berlengas-Inseln vor Peniche. Tauchsafaris bietet z.B. **Blue Ocean Divers,** Lagos, Tel. 964 665 667, www.blue-ocean-divers.de.

Naturwunder in den Naturparks des Nordens

Grün in allen Schattierungen, dichte Wälder, Felslabyrinthe und Bäche, die durch die Wiesen gluckern und über kleine Wasserfälle in die Tiefe stürzen. Stechpalmen und seltene Lilien wuchern neben Kork- und Steineichen, Erd-beerbäumen, Lorbeer und Heidekraut – eine Mischung aus mediterraner und atlantischer Fauna. Eine ganze Reihe von Naturparks – vor allem im Norden Portugals – lädt zum Wandern ein. Höhepunkt für Wanderfreunde aber ist der 70 ha große Park von Peneda-Gerês, der einzige Nationalpark Portugals, der im äußersten Nordwesten des Landes, unweit der spanischen Grenze liegt und sich über das Peneda- und das Gerês-Gebirge zieht. Der Iberische Wolf soll hier gelegentlich durchs Unterholz streifen – zu sehen bekommt man ihn wohl kaum. Häufiger lassen sich Rehe und *garranos,* halbwilde Ponys, blicken. Die Dörfer innerhalb des Parks sind fast alle Ausgangspunkte für spannende Wanderungen. Wanderkarten und Infos zu Führungen hält die Parkverwaltung bereit: Tel. 253 203 480, www.icnb.pt. In der Pousada de Gerês oder der Pousada Santa Maria do Bouro können Wanderer stilvoll übernachten (www.pousadas.pt, ❭ S. 28).

Ganz anders, aber nicht weniger spannend: Unweit von Vila Real schiebt sich der Alvão-Berggürtel, ein karges, bis zu 1300 m hohes Granitgebirge, mit dem Parque Natural do Alvão zwischen die grüne Provinz Minho und das trockene Trás-os-Montes. Seltene Eichenarten, Bergarnika und fleischfressen-der Sonnentau gedeihen hier, und mit etwas Glück kann man die letzten Kö-nigsadler sowie Wanderfalken und Fledermäuse beobachten. Wanderwege führen zu archaisch anmutenden Dörfern mit Granitsteinhäuschen und Strohdächern in den Hochlagen und traditionellen Schieferhäusern im Tal.

Segeln

Jachthäfen gibt es vor allem an der Algarve und der Costa de Lisboa. Zu den größten Jachthäfen Europas gehört die Marina de Vilamoura/Algarve, wo auch organisierte Selgeltörns angeboten werden.

Wellness

Das Thema Wellness wird auch in Portugal inzwischen großgeschrieben. Vorreiter ist die Algarveküste, wo Spas den Hotels inzwischen eine ganzjährige Saison bescheren. Die Bandbreite der Angebote ist groß und natürlich gehören klassische Massagen und asiatische Anwendungen zum Repertoire der führenden Hotels. Häufig greifen die Therapeuten auch auf die Produkte der Region zurück – etwa auf Olivenöl oder die wohltuende Heilkraft von Algen, und Thalassotherapie-Programme, die auf die Heilkraft des Meerwassers setzen, werden ausgebaut. Eine Besonderheit sind die Caldas de Monchique, warme Quellen im gebirgigen Hinterland der Algarve im gleichnamigen Ort, die schon im 15. Jh. entdeckt wurden. Das zwischenzeitlich verlassene Thermalbad wurde in den letzten Jahren grundlegend saniert und lockt wieder Gäste an.

Golf

In kaum einem anderen europäischen Land herrschen zwischen den Hügeln im Norden und der Küste der Algarve das ganze Jahr über so ideale Bedingungen für Golfer wie in Portugal. Der erste portugiesische Golfplatz wurde bereits 1890 im britisch geprägten Porto eröffnet, heute laden etwa 80 Golfplätze – davon fast die Hälfte an der sonnenverwöhnten Algarveküste, wo man das ganze Jahr über spielen kann – zum Put-

---

Echt gut!

Die schönsten Golfplätze

- **Golf Club Estela**
Póvoa de Varzim (Nordportugal)
Tel. 252 601 814][252 601 567
www.estelagolf.pt
Inmitten einer sanften Dünenlandschaft am Atlantik gelegen.

- **Campo de Golfe Montebelo**
bei Viseu (Zentralportugal)
Tel. 232 856 464
www.golfemontebelo.pt
Einer der reizvollsten Plätze, mit Tälern, Bächen, Hügeln und Seen.

- **Oitavos Golfe –**
Quinta da Marinha
bei Cascais (Costa de Lisboa)
Tel. 214 860 600][www.
quintadamarinha-oitavosgolfe.pt
Anspruchsvoller Platz mit spektakulärem Atlantikblick.

- **Ammaia –**
Clube de Golfe de Marvão
Tel. 245 993 755
Interessantes Terrain im Naturpark Serra de São Mamede (Alentejo).

- **Victoria Clube de Golfe**
Vilamoura (Algarve)
Tel. 289 303 140
www.hotelvilamouragolf.com
Einer der ambitioniertesten Plätze Europas, entworfen von dem Golfplatzarchitekten Arnold Palmer.

Abenteuerlich: Golfen an den Klippen von Vale do Lobo an der Algarve

ten ein, und die Zahl steigt Jahr für Jahr. Einige Plätze wurden von berühmten Golfplatz-Architekten wie Arthur Hills oder Arnold Palmer gestaltet und nicht wenige zählen zu den exklusivsten Plätzen in Europa. Viele Greens fügen sich zudem harmonisch in die Landschaft ein, und eine stattliche Zahl von Golfhotels hat sich auf die Klientel der Golfurlauber spezialisiert.

Infos über alle Plätze: www.portugalgolf.de. Golfreisen bietet z.B. der Portugal-Veranstalter Olimar (Tel. 02 21/20 59 04 90, www.olimar.de).

Figo, Ronaldo & Co. – Portugals Fußballwunder

Fußball, Fado und Fátima lauten die drei portugiesischen »F«. So wie Fátima ❯ S. 97, Synonym für den Glauben, und der Fado ❯ S. 122, Ausdruck der portugiesischen Seele, hilft auch der Fußball, die Sorgen des Alltags zu bewältigen oder zumindest für ein paar Stunden zu vergessen. Die großen Stars – Eusébio, der in den 1960er-Jahren für Benfica Lissabon kickte, Luís Figo, 2001 zum Weltfußballer des Jahres gekürt, und der wieselschnelle Ballkünstler Cristiano Ronaldo, Europa- und Weltfußballer 2008 – werden fast wie Heilige verehrt. Für die Fußball-EM 2004 in Portugal wurden eigens zehn Stadien erbaut bzw. komplett umgestaltet. Das ließ man sich die stolze Summe von 430 Mio. Euro kosten. Die Kathedralen des 21. Jhs. prägen heute manches portugiesische Stadtbild. Weithin sichtbar sind das direkt unter der mittelalterlichen Burg gelegene Stadion in Leiria, das rote Stadion da Luz von Benfica Lissabon, das grüne Avalade-Stadion des Konkurrenten Sporting Lissabon, das weiße Dragão-Stadion in Porto und das wie von Gleitschirmen überspannte Stadion Algarve unweit des internationalen Flughafens Faro.

Unterwegs mit Kindern

Action im Aquapark

Liegen mittlerweile die Portugiesen auch auf den hinteren Rängen
in Europa, was die Geburtenrate
betrifft, so hat das an der traditionellen Kinderfreundlichkeit der
Südländer glücklicherweise nichts
geändert: Kinder sind fast überall
gern gesehene Gäste.

Die meisten Familien zieht es
ans Meer. Doch Achtung – vor allem an der Westküste machen
Wind und Wellen das Baden zu
einem für kleine Kinder nicht
ganz ungefährlichen Vergnügen.
Sehr familienfreundlich dagegen
präsentieren sich die Strände an
der Algarveküste, wo es meist
sanft ins Wasser geht und die
Jüngsten stundenlang im Sand
buddeln können.

Wenn die Kids größer werden,
ist zusätzlich viel Action gefragt.
Und die bieten Wasserparks im
Hinterland der Algarveküste im
Überfluss. Hier können die Eltern
entspannen, während coole Er-
lebnisrutschen, Aqua-Achterbah-
nen und zahlreiche andere Attraktionen für Nervenkitzel beim
Nachwuchs sorgen.

Spannende Wasserparks

- **Slide & Splash**
EN 125][**Vale de Deus-Estombar**
Lagoa (Algarve)][**Tel. 282 340 800**
www.slidesplash.com
- **Aqualand The Big One**
EN 125][**Alcantarilha (Algarve)**
Tel. 282 320 230
www.aqualand.pt
- **Aquashow**
EN 396][**Quarteira (Algarve)**
Tel. 289 389 396
www.aquashowpark.com
- **Aqua Park Amarante**
Rua do Tâmega 2245
Fregim, Amarante (Nordportugal)
Tel. 255 446 648
www.tamegaclube.com

Flipper & Friends

Delfine, Pinguine und Seehunde gehören zu den Favoriten von Jung und Alt. Im **Ozeanarium** von Lissabon (Parque das Nações, Ⓜ Oriente) kann man diesen, aber auch 10 000 anderen Meeresbewohnern durch Glasscheiben tief in die Augen blicken und dabei eine ganze Menge über das Leben im Atlantik lernen. Im Vergnügungspark **Zoomarine** bei Albufeira (Algarve) sorgen Shows mit Delfinen, Robben und Papageien und ein Unterwasser-Streichelzoo für Freizeitspaß.

■ **Oceanário de Lisboa**
Esplanada Dom Carlos I –
Doca dos Olivais][**Lisboa**
Tel. 218 917 002 und 218 917 006
www.oceanario.pt
■ **Zoomarine**
EN 125, km 65 Guia
Albufeira (Algarve)
Tel. 289 560 301
www.zoomarine.com

Hier spielen Familien die Hauptrolle

Familienurlaub ist garantiert nie langweilig, aber für die Eltern auch manchmal ganz schön anstrengend. Glücklicherweise gibt es immer mehr Reiseangebote mit Kinderbetreuung: So können die Eltern, während die Kids Spaß mit Gleichaltrigen haben, entspannen oder Portugals Kulturschätze kennenlernen.

Der Familienreiseveranstalter **Vamos** (Tel. 05 11/40 07 99-0, www.vamos-reisen.de) hat zwei besonders schöne Plätze für Portugal-Liebhaber ausgesucht: In der **Quinta das Barradas,** einem alten Herrenhaus im Hinterland von Lagos (Algarve), genießt man ländlichen Charme nur wenige Kilometer von einem unverbauten Dünenstrand entfernt. Noch uriger wohnt man im **Regueno** zwischen Alentejo und Algarve.

Gemeinsam mit dem Nachwuchs in Kunst und Kultur Portugals eintauchen: **Studiosus Reisen** hat Familien-Studienreisen als Alternative zum herkömmlichen Familienurlaub entwickelt (Tel. 0 89/5 00 60-0, www.studiosus. com). Von Lissabon bis an die Algarve reisen Familien eine Woche lang durchs Land der Seefahrer und Entdecker – und mit spannenden Geschichten macht der Reiseleiter die Fahrt zum Erlebnis für Groß und Klein.

Familienhotels am Strand

■ **Hotel Martinhal**
Sagres (Algarve)
Tel. 282 240 200
www.martinhal.com
2010 wurde das Designhotel mit großem Herz für Familien bei Sagres eröffnet, in dem Kids vom Baby bis zum Teenager in kleinen Gruppen betreut werden. Die Eltern haben Zeit für Sport oder Spa und gemeinsam genießt man den herrlichen Sandstrand. ●●●
■ **Vila Galé Albacora**
Tavira (Algarve)][**Tel. 281 380 800**
www.vilagale.pt
Auf dem Gelände einer ehemaligen Fischfabrik entstand ein Feriendorf, in dem sich besonders Familien wohlfühlen. Über mehrere deutsche Veranstalter buchbar. ●●─●●●

Unterkunft

Portugal bietet Unterkünfte für jeden Geschmack und Geldbeutel. Hotels internationalen Standards finden sich in großer Zahl in Lissabon und in den Tourismusregionen an der Küste. Sie werden je nach Ausstattung und Service mit einem Stern (einfach) bis zu fünf Sternen (Spitzenklasse) klassifiziert. Kinder bis zu sechs Jahren, die im Zimmer der Eltern übernachten, werden meist kostenlos beherbergt, für Kinder bis zu zwölf Jahren zahlt man 50 %.

In den großen Ferienkomplexen an der Küste stehen **Apartmentanlagen** in sämtlichen Kategorien zur Verfügung. Das Preisniveau der Unterkünfte ist mit Mitteleuropa vergleichbar. Außerhalb der Hochsaison sind aber Rabatte möglich. Einfachere Pensionen heißen **Pensão** (oft mit Verpflegung) oder **Residencial** (nur Frühstück); **Albergaría** nennt sich eine gehobenere Hotelpension, **Estalagem** ein anspruchsvolleres Gästehaus, meist außerhalb von Ortschaften.

Die von der Unternehmensgruppe Pestana geführten **Pousadas** (über 40; mittlere bis gehobene Preisklasse) liegen an landschaftlich schönen und geschichtlich bedeutenden Orten, oft in alten Burgen und Klöstern. Reservierung ist unbedingt erforderlich. Ein Verzeichnis gibt es bei den Touristikämtern ❯ S. 162 und im Internet.

Informationen erteilt: **Pousadas de Portugal,** Rua Soares de Passos 3, Alto de Santo Amaro, 1300-314 Lisboa, Tel. 218 442 000, 218 442 001, Fax 218 442 085, www.pousadas.pt (●●● ❯ Special S. 28).

Wohnen in historischem Gemäuer: Quinta das Lágrimas in Coimbra

Eine Alternative ist der **Turismo de Habitação** (TH), d.h. Übernachten in stilvollen privaten Herrensitzen auf dem Land, bisweilen auch in Stadtpalästen; der Mindestaufenthalt bei dieser individuellen Art zu Wohnen beträgt drei Nächte (Unterkünfte im Reiseteil sind entsprechend gekennzeichnet).

Varianten, bei denen die Nähe zur Natur im Vordergrund stehen, sind der Turismo Rural (TR) in einfacheren Landhäusern und der Agroturismo (AT) auf landwirtschaftlichen Gütern. Infos über: **CENTER** (Central Nacional de Turismo no Espaço Rural), Praça da República, 4990-062 Ponte de Lima, Tel. 258 931 750, Fax 258 931 320, www.center.pt; oder **Manor Houses of Portugal,** Ap. 596, 4900-008 Viana do Castelo, Tel. 258 835 065, Fax 258 811 491, www.manorhouses.com.

Zimmer und Wohnungen bei sonstigen Privatvermietern vermittelt das jeweilige Turismo-Büro am Ort oder in Deutschland der Spezialveranstalter Olimar › S. 162, der auch Herrenhäuser im Programm hat.

Campingplätze gibt es entlang der Küste und bei den Städten, die besten von Orbitur (www.orbitur. pt). Campingführer *(roteiro campista)* erhält man in jeder Buchhandlung. Zuverlässig ist der ADAC-Campingführer.

In Portugal gibt es derzeit über 30 **Jugendherbergen.** Ein Herbergsausweis wird vorausgesetzt; in den Monaten Juli/August ist eine Reservierung dringend nötig. Auskunft: DJH Hauptverband e.V., Im Gilde Park, Leonardo-da-Vinci-Weg 1, 32760 Detmold, Tel. 0 52 31/9 93 60, www.jugendherbergen.de.

Die schönsten Wellnesshotels

Echt gut!

■ **Hotel Spa Aquapura Douro** in Lamego: Das Weingut Quinta do Vale Abrão im Douro-Tal wurde in ein traumhaftes Hotel mit riesigem Spa verwandelt: u.a. mit Yogastudio und Panoramasauna mit Blick in die Weinberge › S. 74.

■ **Vilalara Thalassa Resort** bei Lagoa. Das Traditionshaus erstrahlt nach einem Facelift in altem Glanz. Prunkstück: das 2600 m² große Thalassotherapie- und Spa-Zentrum (Praia das Gaivotas, Porches, Lagoa, Tel. 282 320 000, www.vilalararesort.com).

■ **Pestana Sintra Golf Resort & Spa:** In dem neuen Golfhotel zwischen Cascais und Sintra wird Entspannung auch nach dem Abschlag großgeschrieben. Exklusives Beauty- und Health-Center › S. 132.

■ **Herdade da Malhadinha Country House & Spa** bei Beja: Wunderschönes Landhotel auf einem Weingut, in dem sich Weinfreunde und Entspannungssuchende gleichermaßen wohlfühlen. Wellness- und Weinspecials › S. 146.

■ **Complexo Termal Caldas** in Monchique (Algarve): Die warmen Quellen von Monchique genießt man im Thermalbad mit zahlreichen Spa- und Wellnessprogrammen (u.a. Vinotherapie mit Rotweinbädern und Maischepackungen) › S. 159.

Special

Top-Design in alten Mauern

Eine Ruine, nichts als Steine – das war der Rest des Klosters Santa Maria do Bouro, das Zisterzienser im 13. Jh. gebaut hatten. Natürlich, als beschlossen wurde, dort ein nobles staatliches Gästehaus einzurichten, hätte man den Originalzustand nach alten Plänen wiederherstellen können. Viele Burgen, Schlösser und Klöster wurden auf diese Weise in Portugal restauriert und als Pousadas eröffnet. Viele historische Gebäude konnten durch touristische Nutzung erhalten werden und wurden auch im Inneren im Stil vergangener Jahrhunderte gestaltet. Vor einigen Jahren wurde die staatliche Hotelkette privatisiert.

Wohnen im Kloster

In **Santa Maria do Bouro** tat der bekannte portugiesische Architekt Eduardo Souto de Moura das Gegenteil: Er nutzte die Freiheit, dass es eigentlich nichts mehr zu restaurieren gab, und bediente sich nur »der vorhandenen Steine, um ein neues Gebäude zu bauen«. So entstand ein elegantes Hotel, in dem sich Historie und Modernität wundervoll ergänzen. Derbe, graue Granitmauern formen ein lichtdurchflutetes Gemäuer. Fast rahmenlose Fenster lassen die Granitmauern durchsichtig erscheinen, schicken den Blick durch den Kreuzgang hindurch und hinaus in die grünen Hügel. Eine Spielerei mit Materialien und modernem Design verbindet sich mit dem ursprünglichen Kloster: hier ein bunt leuchtendes Gemälde, dort eine uralte Truhe am Fenster, Granitbrunnen in der Wand und blanke Stahltüren zu den Zimmern. Das Kloster ist eine Komposition aus moderner

Kunst und Licht. Viel Licht, das dem ehrwürdigen Ort seine Heiterkeit und Leichtigkeit schenkt.

Neue Leichtigkeit des Seins

Wie diese Pousada gehören noch drei weitere zu einer neuen, modernen Generation von Pousadas. Was alt ist, bleibt alt; was neu ist, sieht auch neu aus – nach diesem Motto wurde aufwendig die Burg von Alcácer do Sal wiederaufgebaut **(Dom Afonso II)**. Phönizier, Römer und Mauren haben ihre Spuren auf dem Hügel über dem Rio Sado hinterlassen. Die uralten Mauern verbinden sich heute mit klaren modernen Linien.

Oder in Arraiolos im sonnenverbrannten Alentejo: Das Kloster **Nossa Senhora da Assunção** liegt eingebettet zwischen weichen Hügeln und strahlt blendend weiß gegen den Himmel. Ebenso weiß sind die Flure und Zimmer mit leichtem Mobiliar, weißen Leinenvorhängen und leuchtend blauen Akzenten in den Bögen über der Treppe.

Multifunktional waren die mittelalterlichen Mauern der **Pousada Flor da Rosa** schon immer: Aus der wuchtigen Burg, dem königlichen Schloss und dem mystischen Kloster entstand ein elegantes Hotel, das mit Leichtigkeit die Geschichte respektiert.

Reservierung und Info

Am besten direkt über die Buchungsfunktion auf der Internetseite **www.pousadas.pt** oder über folgenden Reiseveranstalter:

Iberotours
Tel. 02 11/8 64 15 20
www.iberotours.de

Preise

Doppelzimmer inkl. Frühstück je nach Ausstattung, Lage und Reisezeit 90–220 €. Oft gibt es Sonderangebote (2 für 3 Nächte, Seniorenpreise, Angebote für Gäste unter 30 Jahren, Pousada-Pass).

■ **Monte de Sta. Luzia**
Viana do Castelo
Tel. 258 800 370][**Fax 258 228 892**
Nicht weit entfernt von den schönsten Stränden der Costa Verde. ●●●

■ **Santa Maria do Bouro**
Amares
Tel. 253 371 971][**Fax 253 371 976**
In der Region Minho, 14 km von Braga. Tennis, Swimmingpool, Golf (35 km entfernt in Ponte de Lima), ideale Lage für Wanderungen in den Nationalpark Peneda-Gerês. ●●●

■ **Dom Afonso II**
Alcácer do Sal
Tel. 265 613 070][**Fax 265 613 074**
80 km südlich von Lissabon, nahe der Küste. Pool, Golf (30 km entfernt in Palmela). ●●●

■ **Nossa Senhora da Assunção**
Arraiolos
Tel. 266 419 340][**Fax 266 419 280**
Im Alentejo, wenige Kilometer nördlich von Évora. Pool, Tennis. ●●●

■ **Flor da Rosa**
Crato
Tel. 245 997 210][**Fax 245 997 212**
Im nördlichen Alentejo, südwestlich von Portalegre. Swimmingpool, Golf (36 km entfernt in Marvão). ●●●

Land & Leute

Steckbrief][Geschichte im Überblick][
Natur und Umwelt][Kunst und
Kultur][Feste und Veranstaltungen][
Essen und Trinken

Steckbrief

Portugal

Lebenserwartung: Männer
75,3 Jahre, Frauen 82,0 Jahre
Landes- und Amtsprache:
Portugiesisch
Landesvorwahl: 003 51
Währung: Euro
Zeitzone: MEZ minus 1 Std.,
Westeuropäische Zeit

Fläche: 88 967 km²,
92 117 km² mit autonomen Regionen
(Madeira und Azoren)
Hauptstadt: Lissabon (Lisboa)
Einwohner: 10,5 Mio., Lissabon
520 000, Großraum 2,8 Mio.
Bevölkerungsdichte: 119 pro km²
Bevölkerungswachstum/Jahr:
ca. 0,1 %
Stadt-/Landbevölkerung:
60 % bzw. 40 %

Lage und Landschaft

Portugal ist auf der Landkarte nur
ein schmaler Streifen im Südwesten der Iberischen Halbinsel, der
sich über 550 km von Norden
nach Süden und über etwa 220 km
von Osten nach Westen erstreckt.
Im Westen und Süden begrenzt
der Atlantik das Land, im Norden
und Osten grenzt es an Spanien.
Von der spanischen Meseta stuft
sich das portugiesische Hochland
in Terrassen von Nordosten nach
Südwesten ab. Der Tejo (span.
Tajo), der größte Fluss der Iberischen Halbinsel, trennt den gebirgigen Norden *(montanhas)* vom
flachwelligen Süden *(planícies).*
Douro, Minho und andere Flüsse
haben tiefe Einschnitte in die Höhenzüge des Nordens gekerbt.

Der Lauf des Guadiana bildet im
Süden auf einer längeren Strecke
die natürliche Grenze zu Spanien.

Bevölkerung, Religion

Die Portugiesen waren seit jeher
fremden Kulturen gegenüber auf-
geschlossen – waren es nun Besat-
zer wie die Kelten, Phönizier, Römer, Westgoten und Araber oder
Asiaten und Afrikaner, mit denen
man durch die Kolonisierung in
Berührung kam. Als die Kolonien
1975 verloren gingen, kamen über
700 000 Flüchtlinge aus Mosam-
bik, Angola, den Kapverden und

São Tomé nach Portugal. Die »Rückkehrer« *(retornados)* wurden freundlich aufgenommen. Auf der anderen Seite war Portugal in den 1960er- und 1970er-Jahren selbst Auswanderungsland. Die Salazar-Diktatur und bittere Armut trieben die Bevölkerung vor allem aus ländlichen Gebieten nach Frankreich, in die Schweiz, nach Deutschland und in die USA. Inzwischen kehrten viele in die Heimat zurück. Ihre gut ausgebildeten Kinder wurden Träger der seit den 1990er-Jahren aufstrebenden Industrie und bilden heute einen Teil der konsumorientierten Mittelschicht, die jedoch durch die Finanzkrise ab 2008 wieder ins Strudeln geriet.

Gab es 1974 im Land noch über 30 % Analphabeten, so brachte die Nelkenrevolution auch im Bildungsbereich eine Wende. Der Besuch staatlicher Schulen ist kostenlos, doch viele Eltern investieren in die bestmögliche Ausbildung für ihre Kinder und schicken sie auf Privatschulen.

Die meisten Portugiesen (93 %) sind katholisch. Trotz der Trennung von Kirche und Staat verschafft sich die Kirche heute, u.a. durch die Leitung privater Schulen, zweier Universitäten und einen eigenen Radiosender, Gehör.

Politik und Staat

Die Staatsgrenzen Portugals sind seit fast 800 Jahren unverändert geblieben. Das Land ist in 22 Verwaltungsdistrikte eingeteilt, darunter die autonom verwalteten Inselgruppen Madeira und Azoren. Mit der Trennung von seinen überseeischen Provinzen in Afrika und Asien (Timor, 1975), sowie Macao 1999 erfolgte ein Kurswechsel in Richtung Europa. Nach nahezu 50 Jahren Diktatur ebnete 1974 die Nelkenrevolution der Demokratie und einer parlamentarischen Regierungsform den Weg. Seit März 2006 amtiert Aníbal Cavaco Silva als Präsident des Landes. Regierungschef ist seit 2011 Pedro Passos Coelho von der konservativen Partido Social Democrata.

Wirtschaft

Portugal erlebte seit dem EG-Beitritt 1986 dank üppiger Subventionen aus Brüssel einen enormen Modernisierungsschub, das »Armenhaus Europas« wurde in den 1990er-Jahren zum Industriestaat. Säulen der Wirtschaft sind Autoindustrie und Maschinenbau, Eisen- und Stahlverarbeitung, Papier- und chemische Industrie, Zementverarbeitung und Werften. Gewinner des Strukturwandels ist das Dienstleistungsgewerbe (Banken, Versicherungen, Tourismus). In der Landwirtschaft sind noch 12 % der Bevölkerung tätig (nur 3 % des BIP).

Wegen seines kleinen Binnenmarkts ist Portugal vom Export abhängig und kann sich globalen Einflüssen kaum entziehen. 2010 wurde Portugal zu einem Sorgenkind der EU. Dank eines harten Sparkurses entspannt sich die Situation, die Arbeitslosenrate unter Jugendlichen liegt jedoch bei 26 % (allgemein bei 8 %).

Geschichte im Überblick

Die Expo bescherte Lissabon
1998 den Parque das Nações

Ab 218 v. Chr. Die Römer unterwerfen das Land; 133 v. Chr. wird Lusitanien römische Provinz und unter Julius Caesar wird Lissabon Provinzhauptstadt und erhält das volle römische Bürgerrecht.

5.–7. Jh. Sueben und Westgoten regieren die Iberische Halbinsel.

Ab 711 Die Mauren, kriegerische Berberstämme aus Nordafrika, erobern die Iberische Halbinsel.

832 Das Gebiet zwischen Minho und Douro wird erstmals als Portucale bezeichnet.

1095 Die Reconquista, die christliche Rückeroberung des Landes, feiert erste Erfolge: Heinrich von Burgund gründet die christliche Grafschaft Portucalia.

1139 Geburtsstunde Portugals. Nach dem Sieg über die Mauren bei Ourique lässt sich der Graf von Portucalia, Afonso Henriques, zum König ausrufen.

1257 werden die Mauren aus der Region Algarve vertrieben, Portugal erhält seine bis heute gültigen Grenzen.

1385 Die Portugiesen verteidigen ihre Unabhängigkeit gegen die Spanier in der Schlacht von Aljubarrota, João I. begründet die Dynastie von Aviz.

Ab 1415 Portugals Zeitalter der Entdeckungen wird eingeläutet. Unter Heinrich dem Seefahrer (1394–1460) besiedeln die Portugiesen Madeira, 1427 die Azoren, 1457 die Kapverdischen Inseln.

1488 Bartolomeu Dias umrundet das Kap der Guten Hoffnung.

1494 teilt der Vertrag von Tordesillas die Welt zwischen Spanien und Portugal, den großen Entdeckernationen der damaligen Zeit, auf.

1495–1521 Die Regierungszeit König Manuels I., der den Beinamen »der Glückliche« erhält, wird zum Goldenen Zeitalter Portugals.

1498 Vasco da Gama entdeckt den Seeweg nach Indien und sichert den Portugiesen das Monopol im Gewürzhandel.

1500 Pedro Álvares gelangt nach Brasilien.

1510 Die Portugiesen gründen eine Handelsniederlassung in Goa, an der indischen Westküste.

1519–1522 Der Portugiese Magellan umrundet die Erde und beweist damit endgültig, dass unser Planet eine Kugel ist.

1540 Die Inquisition wird eingeführt, die Juden vertrieben. Das läutet den wirtschaftlichen Niedergang des Landes ein.

1557 In Südchina wird die Handelsexklave Macao gegründet.

1580–1640 Portugal unter spanischer Fremdherrschaft.

1640 Die Königsdynastie der Bragança beginnt.

1688 Im Frieden von Lissabon erkennt Spanien die Unabhängigkeit Portugals an.

1703 Der Methuen-Vertrag beflügelt den Handel zwischen Portugal und England.

1706–1750 Mit den Reichtümern Brasiliens führt João V. eine verschwenderische Herrschaft.

1755 Das große Erdbeben von Lissabon (30 000 Tote) zerstört nicht nur einen Großteil der Hauptstadt, sondern hat Auswirkungen auf weite Teile Portugals. Den Wiederaufbau leitet der Minister Marquês de Pombal.

1807–1811 Napoleonische Truppen durchstreifen plündernd das Land. Die Engländer befreien Portugal und setzen anschließend einen Statthalter ein.

1822 Brasilien erklärt seine Unabhängigkeit von Portugal.

1910 Nach der Ermordung von König Carlos I wird die Republik ausgerufen, Portugal stürzt ins politische und wirtschaftliche Chaos, und bis 1926 wechselt die Regierung 45-mal.

1926 Militärputsch.

1932–1968 António Salazar errichtet eine faschistische Diktatur (Estado Novo). Im Zweiten Weltkrieg bleibt Portugal neutral.

1968–1974 Marcelo Caetano führt nach dem Tod Salazars die autoritäre Herrschaft fort.

1974 In der gewaltfreien Nelkenrevolution stürzen demokratische Kräfte das diktatorische Regime. Die Demokratisierung des Landes wird eingeleitet.

1975 Portugals afrikanische Kolonien (Angola, Moçambique) werden unabhängig.

1986 Portugal wird in die EG (heute EU) aufgenommen. Europäische Fördergelder beschleunigen den Ausbau der rückständigen Infrastruktur. Das Land entwickelt sich vom Agrarstaat zur modernen Konsumgesellschaft.

1998 Die EXPO in Lissabon rückt Portugal in den Mittelpunkt des Weltinteresses.

1999 Mit der Rückgabe von Macao an China gibt Portugal seine letzte Kolonie ab.

2001 Porto ist Europäische Kulturhauptstadt und gewinnt an Renommee.

2004 José Manuel Barroso wird Präsident der Europäischen Kommission. Portugal ist Gastgeber der Fußball-EM.

2006 Der konservative Ex-Ministerpräsident Aníbal Cavaco Silva wird zum Staatspräsidenten gewählt.

2008 Verlängerung der Pflichtschulzeit auf zwölf Jahre.

2011 Pedro Passos Coelho (PSD) wird zum Premierminister des Landes gewählt.

2012 Guimarães ist zusammen mit Maribor Europäische Kulturhauptstadt.

Natur und Umwelt

Wo Geografie und Klima so unterschiedliche Bedingungen schaffen, gedeiht eine vielfältige Pflanzenwelt. Jede Region Portugals hat ihre botanische Eigenart. Üppiges Wachstum charakterisiert den atlantischen Norden und die geschützten Zonen Mittelportugals, wo nebeneinander Pflanzen aus Nord- und Südeuropa zu finden sind. So wächst z.B. in der Serra da Estrela die nordische Birke neben dem mediterranen Oleander. Die Mischwälder aus Pinien, Eichen, Steinlinden und Kastanien weichen in jüngster Zeit leider immer mehr Eukalyptus-Monokulturen (s.u.). Steppenartig wirkt der Süden mit Buschland und ausgedehnten Kulturen von Kork- und Steineichen sowie Oliven. Auch hier ist der Eukalyptus auf dem Vormarsch. Mandelbäume und Zitrusfrüchte wachsen an der Algarveküste.

Naturschutzgebiete

Zur Erhaltung ökologisch intakter Landschaften wurden von staatlicher Seite Naturschutzgebiete ausgewiesen, das wichtigste ist Portugals einziger Nationalpark Peneda-Gerês im äußersten Norden. Außer dem Naturpark der Serra da Estrela liegen die meisten geschützten Zonen entlang der Grenze zu Spanien (Serra de Montesinho, Malcata, São Mamede) oder an der Küste (Dünengebiet bei Aveiro, Serra de Sintra, Serra da Arrábida, Westküste von Sines bis Sagres, die Lagunen der östlichen Algarve). Strenger Schutz gilt für die Feuchtgebiete (Vogelkolonien, Brutplätze) im Delta des Sado südlich von Setúbal und im Nordteil des Tejo-Deltas sowie für das Sumpfland *(sapal)* von Castro Marim vor der Guadiana-Mündung. Ein Dorado für Gartenliebhaber sind die Quinta-Gärten, Parks und Botanischen Gärten mit ihren Raritäten.

Grünes Erdöl

Die Forstwirtschaft befindet sich im Würgegriff der Papierindustrie. Wo sich einst Mischwälder und Olivenhaine ausbreiteten, dominiert *Eucalyptus globulus,* der die Papierrohmasse für die Zellstofffabriken liefert, eine Ware, die die traditionellen Exportgüter Wein und Kork weit überflügelt hat. Jeder sechste Baum Portugals ist heute schon ein Eukalyptus. Eukalyptus-Monokulturen sind für Waldbesitzer »grünes Erdöl«, weil sie schnelles Geld bringen. Ökologisch aber sind sie höchst bedenklich. Wo die Bäume ihre langen Wurzeln tief in den Boden senken, versiegen Quellen und Brunnen, die Felder trocknen aus. Außerdem ist die Verschmutzung der Flüsse durch die Abwässer der Zellstofffabriken ein enormes Problem.

Dagegen steht das traurige Kapitel der sommerlichen Waldbrände. Gemessen am jährlichen Verlust von Waldareal in Relation zur Landesfläche nimmt Portugal in Südeuropa eine Spitzenposition ein. Meist handelt es sich um Brandstiftung. Die hochentzündlichen Kiefern- und Eukalyptusplantagen tragen dazu bei, dass die Feuer besonders stark um sich greifen. Hinzu kommt, dass Besitzer kleiner Waldparzellen diese nicht mehr bewirtschaften und sie anfälliger für Brände werden.

Kunst und Kultur

Kunst in Portugal ist eine Kunst am Wege. Weit stärker als einzelne Kirchen, Paläste und Museen beeindruckt die unzerstörte Einheit architektonischer Ensembles im historischen Kern von Dörfern und Städten. Vielfach im Schatten einer Burg an den Hang gebaut, folgen die Häuserzeilen den Konturen der Landschaft, winden sich Gassen und Treppen mit alter Steinpflasterung bergauf und bergab, immer wieder unterbrochen von Plätzen mit stattlichen Kirchen, Palästen und Brunnen. So abschreckend oft der Ring moderner Siedlungen um die alten Städte wirkt, so überraschend intakt präsentiert sich fast immer die Altstadt.

Weiß gekalkt sind die Häuser im Süden des Landes, häufig mit blauen oder gelben Hauskanten, die böse Geister vertreiben sollen, und Ziegeldächern mit leicht geschweiften Enden. Im Norden Portugals prägen hingegen grauer Granit und Schiefer das Bild vieler Orte.

Eine Besonderheit sind die **herrschaftlichen Landsitze** (*quintas, solares*) mit ihren aufwendig gestalteten Gartenanlagen. Die meisten dieser Anwesen liegen in der Gegend von Lissabon – besonders traumhaft in den Hügeln von Sintra – sowie in den Weingegenden des Douro und Minho.

In ganz Portugal nimmt die Wanddekoration mit **Azulejos,** den mehrfarbigen, glasierten Fliesen, im wahrsten Sinne des Wortes breiten Raum ein. Ob für Kirchen, Küchen, Hausfassaden oder Bahnhöfe, seit der Einführung durch die Mauren hat sich ihre Fertigung und Verwendung zu einer wahren Volkskunst entwickelt

> S. 121.

Palácio da Fronteira bei Lissabon

Architektur: Reconquista und Königreich

Zwischen dem 12. und 15. Jh. entstanden Portugals schönste, allesamt unvollendet gebliebene Klosterbauten. Von grandioser, französisch inspirierter Strenge ist das mächtige frühgotische Zisterzienserkloster Alcobaça (ab 1178), ein Denkmal der Staatsgründung. Ein Jahrhundert später war es mit der Schlichtheit vorbei. Das ab 1388 über zwei Jahrhunderte hinweg errichtete Batalha ist mit seinen zahlreichen Türmchen, Fialen, Bogen, Streben und Balustraden das prachtvolle Meisterwerk der portugiesischen Gotik. Es feiert König Joãos I. Sieg in der Schlacht bei Aljubarrota gegen die Spanier (1385) um die Unabhängigkeit Portugals. Beide Klosteranlagen zählen zum UNESCO-Weltkulturerbe – genauso wie das Hieronymitenkloster und der Turm von Belém (ab 1500) an der Tejo-Mündung bei Lissabon. Beide Monumente sind eine Hommage König Manuels I., König von Portugal, »Herr von Guinea, Herr der Schifffahrt, der Eroberungen und Herr von Äthiopien, Arabien, Persien und Indien«, an Vasco da Gamas Entdeckung des Seewegs nach Indien (1499) und Portugals Aufstieg zur Seemacht. Während Manuels Regierungszeit wurde der einzige rein portugiesische Kunststil geprägt – die Manuelinik ❭ S. 102.

Die Renaissance italienischer Prägung, bei der nicht mehr das Ornament herrschte, sondern nackte Formengeometrie, löste nach Manuels Tod den wuchernden manuelinischen Dekorationsstil ab, der im Vergleich mit den übrigen Epochen der portugiesischen Architekturgeschichte ohnehin eine Ausnahmeerscheinung darstellt. Charakteristisch für Portugal ist vielmehr die Vorliebe für perfekt geometrische Formen, für Klarheit, Proportion und Einfachheit der Konturen. Der Schmuck beschränkt sich auf die Wandverkleidung mit Azulejos. Architektonische Beispiele der Renaissance sind der Große Kreuzgang des über viele Jahrhunderte errichteten monumentalen Konvents der Christusritter in

Die gigantische Schloss- und Klosteranlage des Palácio Nacional de Mafra

Tomar, den der Spanier Diogo de Torralva schuf, sowie die nahe gelegene Igreja de Nossa Senhora da Conceição und der Convento de Bom Jesús in Valverde bei Évora. Die französischen Bildhauer Nicolas de Chanterène und Jean de Rouen drückten Coimbra ihren Stempel auf.

Manierismus und Barock

Unter spanischer Herrschaft (1580–1640) verbreitete sich der Jesuitenstil in der Kirchenarchitektur. Er ist insbesondere mit dem Hofbaumeister Felipe Terzi aus Italien verbunden, dem Erbauer der Kirche São Vicente de Fora in Lissabon › S. 117 – ein typisches Beispiel und oft kopiertes Vorbild für den manieristischen Klassizismus.

Mit der Unabhängigkeit von Spanien, unter den Braganças, brach in Portugal das Barockfieber aus. Mit Gold und Diamanten, die aus Brasilien ins Land strömten, leistete sich Portugal eine Vielzahl prunkvoller Kirchen und extravaganter Herrenhäuser mit geschweiften Giebeln und Turmhauben, weißblauen Azulejo-Gemälden und *talha dourada,* von Ornamenten überkrustete und dick vergoldete Schnitzaltäre und Kapellenwände. Besonders prachtvolle Beispiele sind das Convento de Jesús in Aveiro, die Igreja de São Roque in Lissabon und die Igreja de São Francisco in Porto. Zum Symbol königlichen Größenwahns Joãos V., dem portugiesischen Sonnenkönig, wurde das gigantische Klosterschloss Mafra, das den spanischen Escorial übertreffen sollte und an dem ein Heer von 50 000 Werkleuten schuftete. Künstler und Architekten wurden aus Deutschland, Italien und Frankreich berufen. Mafras leitende Baumeister waren der aus Regensburg stammende Johann Friedrich Ludwig, der sich Ludovice nannte, und sein Sohn Peter. Der Schriftsteller José Saramago hat dem Bauwerk in seinem Roman »Das Memorial« ein literarisches Denkmal gesetzt.

In Porto hatte der Italiener Niccolò Nasoni bei den wichtigsten Bauten die Federführung. Er schuf u.a. die Torre dos Clérigos und die Igreja da Misericórdia in Porto sowie den eklektischen, im

Römer und Mauren

Die meisten größeren Städte Portugals wurden über römischen Fundamenten errichtet. Bei Coimbra, im antiken Conímbriga, hat man einige prachtvolle Mosaiken freigelegt. Portugals berühmteste Hinterlassenschaft der Römer ist der Dianatempel in Évora – mit seinen eleganten korinthischen Säulen der schönste auf der Iberischen Halbinsel. Aus maurischen Zeiten ist zwar kein vollständiges Bauwerk mehr erhalten, doch sind die Einflüsse der Mauren im Gassengewirr mehrerer *mourarias,* den früheren Maurenvierteln, besonders im Süden des Landes (z.B. in Moura, Alentejo), mit ihren Patios, Hufeisenbögen und schmiedeeisernen Gittern sowie in der Ornamentik zu spüren.

Rokoko-Stil errichteten Palácio de Mateus bei Vila Real, dessen Konterfei heute jedes Etikett des bekannten Roséweins ziert. Als wegweisender Bildhauer der Barockzeit gilt Joaquim Machado de Castro. Großen Einfluss übte der portugiesische Barock auf Brasilien aus. Berühmteste Malerin des 17. Jh. war Josefa de Óbidos, die mit ihren Stillleben für Aufsehen sorgte. Für das 18. Jh. ist besonders die Porträtmalerei von Domingos António de Sequeira hervorzuheben.

Neoklassizismus und Moderne

Nach dem schrecklichen Erdbeben, das 1755 den größten Teil von Lissabon vernichtete, war der zum Marquês de Pombal geadelte Minister José de Carvalho der Mann der Stunde. Ihm allein war der schnelle Wiederaufbau zu verdanken, dessen Wahrzeichen die Baixa Pombalina, die Unterstadt von Lissabon, wurde. Sie zeichnet sich durch klassizistische, kaum verzierte Häuserfronten und breite Boulevards aus. Dieser Einfluss drängte später auch in Porto die barocken Exzesse zurück, auch weil das Gold aus Brasilien allmählich versiegte.

Die portugiesische Architektur des 19. und 20. Jhs. zeigt die unterschiedlichsten Moden. Man wechselte zwischen französischen und italienischen Vorbildern und bizarren neo-manuelinischen Formen. Die stählernen Brücken über die Flüsse Douro, Minho und Lima tragen Gustave Eiffels Handschrift, und auch Lissabons bezaubernder Aufzug Elevador de Santa Justa erinnert an Eiffels Bauweise. Die Cafés und Geschäfte des frühen 20. Jhs. zeigen hingegen charmante Jugendstil-Ornamentik. Die Maler Almada Negreiros und Guilherme Santa Rita gelten als Begründer des portugiesischen Modernismus.

Erst nach der Nelkenrevolution von 1974 setzten Baumeister wie Fernando Távora und Eduardo Moura wieder eigene Akzente. Bekanntester, aber auch unumstrittener Gebäudekomplex der portugiesischen Postmoderne ist

Echt gut!

Die spannendsten Monumente der Moderne

■ **Museu de Arte Contemporânea.** Im Park der Stiftung Serralves, Porto. Architekt: Álvaro Siza Vieira ❯ S. 62.

■ **Portugiesischer Pavillon der EXPO 2000.** Das Meisterwerk aus Kork und portugiesischem Marmor steht heute im Parque Verde, am Flussufer des Mondego in Coimbra. Architekt: Álvaro Siza Vieira ❯ S. 88.

■ **Pilgerkirche in Fátima.** Die neue Rotunde wurde 2007 eröffnet und kann 9000 Pilger fassen. Architekt: Alexandros Tombazis ❯ S. 97.

■ **Shoppingcenter Amoreiras.** Die postmodernen Türme des Einkaufs- und Bürozentrums überragen Lissabon. Architekt: Tomás Taveira.

■ **Estação do Oriente.** Das luftige Dach des Bahnhofs am ehemaligen EXPO-Gelände erinnert an einen Palmenwald. Architekt: Santiago Calatrava ❯ S. 126.

das Lissabonner Einkaufszentrum Amoreiras, das Tomás Taveira erbaute. Portugals größter zeitgenössischer Architekt ist Álvaro Siza Vieira, der nicht nur den Portugiesischen Pavillon anlässlich der EXPO 2000 in Hannover (heute in Coimbra) und das Museu de Arte Contemporânea in Porto schuf, sondern auch die Restaurierung von Lissabons historischem Stadtteil Chiado nach dem Brand von 1988 leitete.

Literatur

Das 15. und 16. Jh. war Portugals Blütezeit auch in der Literatur. Am Hof Manuels wirkte Portugals erster großer Dichter und Schöpfer der modernen Komödie, Gil Vicente. 1572 schrieb Luís de Camões, der größte Dichter des Landes, mit den »Lusiaden« das Nationalepos der Entdeckerzeit – bis heute Schullektüre. Als Poet der Moderne gilt Fernando Pessoa (»Buch der Unruhe«), dessen Werke jedoch erst posthum veröffentlicht wurden. Eine Bronzeskulptur vor dem Künstlercafé A Brasileira in Lissabon erinnert an den schwermütigen Dichter.

Zu den Romanciers der Moderne, die internationales Renommee genießen, zählen António Lobo Antunes, zu dessen bekannteren Werken »Der Judaskuss« (1979) oder »Das Handbuch der Inquisitoren« (1996) gehören, und der 2010 verstorbene José Saramago, der 1997 den Literatur-Nobelpreis erhielt und damit die portugiesische Literatur ins internationale Blickfeld rückte. Zu seinen interessantesten Werken gehören »Hoffnung im Alentejo« (1979), »Das Memorial« (1986) und »Die Stadt der Blinden« (1995). Unter den Autorinnen machte Lídia Jorge mit Werken wie »Nachricht vom anderen Ende der Straße« (1997) oder »Die Decke des Soldaten« (2000) international von sich reden.

Über Portos Bogenbrücke Ponte de Dom Luís I.,1886 eingeweiht, rollen heute moderne U-Bahnen

Musik

Die mit Abstand bekannteste portugiesische Musiktradition ist der Fado › Special S. 122. Er wurde einst in den Armenvierteln Lissabons geboren und ist bis heute eng mit der portugiesischen Seele verbunden. Aber gerade in den letzen Jahren tat sich auch im Bereich der populären Musik einiges. Als »Vater des portugiesischen Rock« wird gern der 1957 geborene Sänger Rui Veloso bezeichnet, der es als Erster wagte, Rockmusik mit portugiesischen Texten zu singen und zum Aushängeschild der etablierteren Szene wurde. Aber die Musikszene bewegt sich weiter, z.B. mit den Sängern und Gruppen aus den ehemaligen afrikanischen Kolonien: Von den Kapverden kommt die schon legendäre Sängerin Cesária Evora, aus Guinea-Bissau Bands wie Africa Libre oder Super Mama Djombo, die afrikanische und südamerikanische Rhythmen mischen, aus Angola Musiker wie Waldemar Bastos oder Paolo Flores.

In den letzten Jahren hat sich eine eigenständige Hip-Hop-Szene entwickelt. »Hip Hop Tuga« erweitert den klassischen Hip-Hop um afrikanische und Reggae-Elemente. Die meisten portugiesischen Rapper sind Einwanderer, wie etwa der auf den Kapverden geborene Boss AC, das Aushängeschild der Szene.

Internationale Bekanntheit genießt die Gruppe Madredeus, die mit ihrer einzigartigen Mischung aus portugiesischer Folklore und Fado mit modernen Elementen weltweit die Ohren für portugiesische Klänge öffnete. 2008 schlug Front-Sängerin Teresa Salgueiro eine Solokarriere ein, und die Band erfand sich mit dem Album »Metafonia« neu.

Der Fado, im frühen 19. Jh. in den Armenvierteln Lissabons geboren, ist bis heute Ausdruck der melancholischen Seite der portugiesischen Seele

Feste und Veranstaltungen

Die Festesfreude der Portugiesen ist riesengroß. Anlass geben unzählige Heiligenfeste *(festas)* und Wallfahrten *(romarias),* oft verbunden mit Märkten *(feiras).* Besonders im Norden pflegt jede noch so kleine Ortschaft ihre eigenen Festtraditionen mit Musik, Tanz, lautstarkem und buntem Feuerwerk und ganz speziellen Bräuchen. Dabei erweist sich der christliche Kult oft nur als dünne Patina, unter der Wunderzauber und archaische Fruchtbarkeitsriten sichtbar werden. Im Volksglauben sind Hexen, Meermädchen und Werwölfe so gegenwärtig wie die christlichen Heiligen.

Festkalender

1. Januar: Das **Ano Novo** (Neujahr) wird wie überall mit Feuerwerk begrüßt.

Februar: Faschingsdienstag. Besonders ausgelassen und mit Umzügen feiert man **Karneval** in Ovar, Nazaré, Loulé und Portimão.

März/April: Karfreitag, Ostern. In Braga, Póvoa de Varzim und Ovar begeht man die **Festas da Semana Santa** besonders feierlich. Zur Karwoche werden aufwendige Prozessionen veranstaltet; in Ovar zusätzlich mit einem Feuerwerk. In Barcelos und Guimarães werden die **Festas das Cruzes** mit Prozessionen, Jahrmarkt und Feuerwerk gefeiert, in Monsanto wird das Volksfest von Folkloredarbietungen begleitet.

25. April: Nationalfeiertag/**Jahrestag der Nelkenrevolution** am 25. April 1974.

12./13. Mai: Die Saison der **Wallfahrten nach Fátima** wird eröffnet, die sich jeweils am 12./13. der folgenden Monate bis Oktober wiederholen.

Mai: In Viana do Castelo feiert man die **Festa da Senhora das Rosas** mit Umzügen und einem Volksfest.

10. Juni: Der Todestag des Nationaldichters Luís de Camões am 10. Juni 1580 ist **Nationalfeiertag** in Portugal.

13. Juni: Der **Tag des hl. Antonius** (Dia do Santo António) ist Anlass für das mehrtägige Stadtfest in Lissabon. Vor allem im Alfama-Viertel herrscht Volksfeststimmung mit traditionellem Sardinenessen. Die hochverehrte Statue des Heiligen wird in einer Prozession von Gläubigen durch die mit Girlanden geschmückte Alfama getragen. In Reguengos de Monsaraz (Alentejo) werden zu Ehren des Heiligen Stierkämpfe veranstaltet.

24. Juni: Der **Tag des hl. João** ist Feiertag in Porto und wird mit Prozessionen, Feuerwerk, Folkloredarbietungen und einer Regatta der Rabelos, der historischen Portweinboote, begangen. Auch in Figueira da Foz und Évora wird der Heilige gefeiert.

Juni: Folklorefestival bei Viana do Castelo (in Vila Praia de Ancona).

Juli: Alle vier Jahre feiert man in Tomar die **Festa dos Tabuleiros,** eine Art Erntedankfest, mit prächtigen Prozessionen (nächster Termin: 2011). Eine Regatta und ein Wettbewerb um die schönste Bootsbemalung stehen im Mittelpunkt der **Festa de Ria** in Aveiro. In Anca findet die **Romaria de São Tomé** statt, ein Kirchweihfest mit Tänzen, Folkloredarbietungen und Reiterspielen. In den Schlössern und Palästen rund um Sintra begeht man die **Jornadas Musicais de Sintra.**

August: In Neves (bei Viana do Castelo) feiert man die **Festa da Senhora das Neves** mit Feuerwerken, Folklore, Kunsthandwerkermärkten und einem **Hochzeitsmarkt,** bei dem sich die Geschlechter näherkommen. In Póvoa de Varzim finden die **Festas da Senhora da Assunção** statt, ein Fischerfest, mit Bootsprozessionen und Stierkämpfen. Auch in Peniche ehren die Fischer ihre Schutzheilige mit den **Festas da Senhora da Boa Viagem.**

September: Eindrucksvolle Prozessionen kann man bei der **Romaria da Senhora de Nazaré** in Nazaré erleben, außerdem einen Jahrmarkt, Feuerwerke und Stierkämpfe. In mehreren Orten an der Algarveküste kann man Folkloredarbietungen im Rahmen des **Festival de Folclore do Algarve** erleben.

12./13. Oktober: Die letzte Wallfahrt des Jahres nach Fátima findet jetzt statt.

25. Dezember: Weihnachten, **Natal,** wird im familiärem Rahmen gefeiert.

An die 100 Mädchen balancieren bei der Festa dos Tabuleiros in Tomar bis zu 1 m hohe Türme aus Brötchen und Papierblumen auf ihren Köpfen

Essen und Trinken

Die portugiesische Küche ist nach wie vor in erster Linie bäuerlich-deftige Hausmannskost auf der Grundlage von Fisch, Fleisch und Kohl. Zu den Nationalgerichten zählen *caldo verde,* eine sämige Kartoffel-Kohlsuppe, und *bacalhau,* Stockfisch (getrockneter und gesalzener Kabeljau), der heute überwiegend aus Norwegen importiert wird. Jeder Koch, der auf sich hält, kennt ein eigenes Stockfisch-Rezept.

Doch langsam, aber sicher spricht es sich herum: Die Küche Portugals hat zwischen Costa Verde und Algarve mehr zu bieten. So vielfältig die portugiesische Landschaft ist, so abwechslungsreich ist die Küche des Landes. Eigentlich muss man sogar von den Küchen Portugals sprechen, denn in jeder Region gibt es eigene Gerichte mit Charakter.

Küche der Regionen

Tripeiros, »Kuttelesser«, nannte man die Bewohner von Porto früher, weil sie gern Innereien verkochten. Was früher Kennzeichen einer klassischen Arme-Leute-Küche war, die darauf bedacht war, fast alle Bestandteile eines geschlachteten Tieres sinnvoll zu verwerten, ist heute eine Spezialität der Region. Im Sommer liebt man im Norden Portugals frischen Fisch aus dem Atlantik, im Winter greift man gern auf Konserviertes zurück – wie *bacalhau.* Im Landesinneren wiederum werden erstklassige Schinken und deftige Würste produziert.

Die großen Wälder des Nordens sind die Heimat weiterer Fleischlieferanten: Reh, Hase, Fasan oder Hirsch finden sich auf vielen Speisekarten des Berglandes. Die Minho-Region nördlich von Porto gilt als Gemüsegarten Portugals. Dort wurde auch eine der berühmtesten Suppen des Landes geboren: die *caldo verde,* schmackhafte Spezialität aus einer regionalen Grünkohlsorte, die man auf den Märkten bekommt.

Echt gut!

Die schönsten Kaffeehäuser

■ **Majestic** in Porto (**Rua de Santa Catarina 112**), Kaffeehaus mit Fin-de-Siècle-Ambiente ❭ S. 61.

■ **Santa Cruz** in Coimbra, gleich neben der gleichnamigen Kirche in der Fußgängerzone ❭ S. 89.

■ **Pastelaria Alcôa** (gegenüber der Klosterkirche in Alcobaça) – berühmt für Süßigkeiten mit fantasievollen Namen wie »Tagebuch der Dona Ines« ❭ S. 99.

■ **Café A Brasileira** (**Rua Garrett 120**) in Lissabon. Schreibstube des Literaten Fernando Pessoa ❭ S. 118.

■ **Pastelaria de Belém** (**Rua de Belém 84** im Lissabonner Stadtteil Belém). Die köstlichen *Pastéis de Belém* mit Zimt und Puderzucker sind wahrlich eine Reise wert ❭ S. 126.

In der Hauptstadtküche treffen die Kochtraditionen der einstigen Kolonien auf die einheimischen, und in den neuen Szenelokalen hat eine internationale Küche Einzug gehalten. Doch nach wie vor zieht der Duft frisch gegrillter Sardinen durch die schmalen Gassen der Alfama, und Liebhaber von Meeresfrüchten treffen sich in den Fischlokalen an der Costa de Lisboa. Auf dem Grill zubereitet werden insbesondere *sardinhas* (Sardinen), *carapaus* (kleine Makrelen) und *lulas* (kleine Sepien), die alle frisch aus dem Meer kommen. Der allerfeinste Atlantikfisch, der an der Küste serviert wird, ist der *robalo* (Wolfsbarsch). Sehr gut sind *sargo* (Rotauge), *tamboril* (Seeteufel) und *peixe espada* (Degenfisch). Eine breiartige Konsistenz hat die Fischsuppe *caldeirada*.

Fisch und Meeresfrüchte sowie das kulinarische Erbe der Mauren bestimmen die Küche an Portugals sonniger Südküste. Unbedingt probieren sollte man *atum* (Thunfisch) und *polvo* (Oktopus), *amêijoas* (Venusmuscheln) und die immer seltener werdenden *percebes,* Entenmuscheln von der felsigen Westküste.

Mittagszeit

Was den Spaniern die Siesta, ist den Portugiesen die *hora do almoço.* Von 12 bis 15 Uhr sind in den Städten die Gaststätten bis auf den letzten Platz besetzt. Während die Portugiesen dem Frühstück wenig Beachtung schenken, tafelt man mittags ausgiebig. Überall werden dann günstige Tagesgerichte, *pratos do dia,* angeboten.

Süßes, Kaffee und Schnaps

Portugiesen lieben aber auch Süßes. Aus Klosterbäckereien stammen Spezialitäten mit fantasievollen Namen wie Himmelsspeck, Nonnenbäckchen oder Engelskröpfe. Die beliebteste süße Sünde aber sind wohl die köstlichen *Pastéis de Belém* aus der Pastelaria de Belém ❯ S. 126. Nur ein paar Meter vom weltberühmten Hieronymitenkloster entfernt wur-

Portugals Meeresküche

den jene leckeren, mit Vanillecreme gefüllten Blätterteigküchlein erfunden, die man längst in ganz Portugal kaufen kann, die aber nirgendwo so himmlisch schmecken wie hier.

Nach dem Essen genießt man einen *cafezinho* (Espresso), in Lissabon *bica* genannt, und ein Schnäpschen: Bagaceira oder Aguardente, an der Algarve auch einen Medronho-Schnaps, der aus den Früchten des Erdbeerbaums gewonnen wird.

Feine Weine

Chardonnay oder Merlot – modische Allerweltsreben – findet man in Portugal seltener als anderswo in Europa. In den Weinbergen des Minho oder Alentejo reifen Trincadeira, Tinta Barroca, Alvarinho oder Touriga Nacional und rund 300 weitere portugiesische Rebsorten, die so nur hier und nirgendwo anders auf der Welt wachsen. Sie sind – oft mit internationalen Sorten zu Cuvées verschnitten – die Basis des portugiesischen Weinwunders der letzten Jahre. Schwere Portweine waren bis vor wenigen Jahren fast synonym mit portugiesischem Wein. Und wer im Land unterwegs war, trank gern den jungen, spritzigen Vinho Verde.

Doch plötzlich räumten die portugiesischen Winzer bei internationalen Wettbewerben einen Preis nach dem anderen ab. Ihre Weine, unter Kennern schon längst als Geheimtipps gehandelt, sind nun in aller Munde.

Die Regionen und ihre Produkte sind vielfältig: Aus der Region Minho kommen nach wie vor die spitzigen Weißweine der DOC-Appellation Vinho Verde. In der Douro-Region werden neben Portwein auch hervorragende Rot- und Weißweine gekeltert. Kräftige Rotweine, aber auch Weiß- und Schaumweine findet man in den Beiras, wo u.a. das bekannte DOC-Gebiet Dão liegt. In der Estremadura, im Ribatejo, im Alentejo und in der Algarve werden hauptsächlich Rotweine gekeltert. Aus der DOC-Appellation Setúbal kommt der Moscatel-Likörwein.

Informationen über Degustationen erteilt **Lisboa Sala Ogival:** 1100-148 Lisboa, Praça do Comércio, Tel. 213 420 690, Di–Sa 11–19 Uhr. Infos im Internet unter www.viniportugal.pt

Buch-Tipp Eine hervorragende Einführung in das Weinland Portugal bietet das Buch von Wolfgang Hubert und David Schwarzwälder: **Portugal und seine Weine,** München 2007.

MOYSES
...

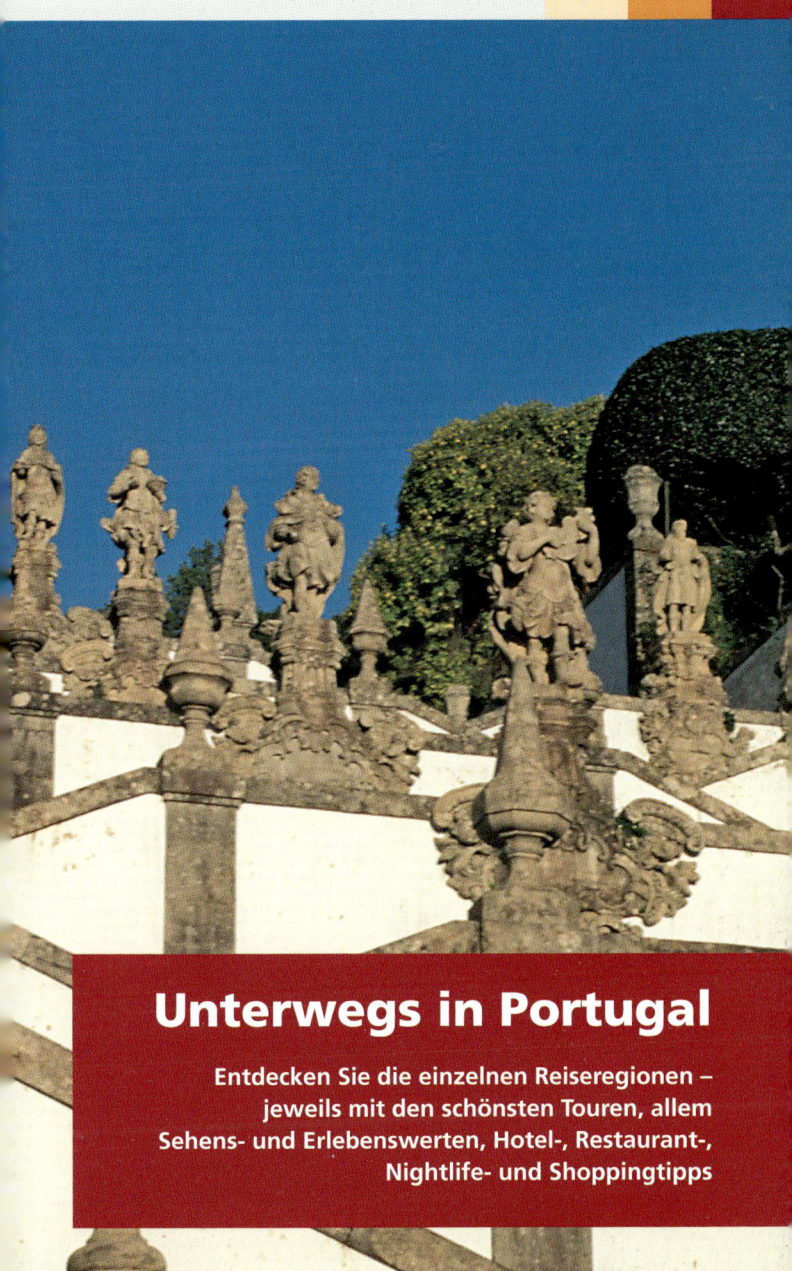

Unterwegs in Portugal

Entdecken Sie die einzelnen Reiseregionen –
jeweils mit den schönsten Touren, allem
Sehens- und Erlebenswerten, Hotel-, Restaurant-,
Nightlife- und Shoppingtipps

Nordportugal

Nicht verpassen!

- Nach dem Stadtbummel im Jugendstilcafé Majestic in Porto Kaffee trinken
- Sich bei einer Portweinprobe in den Kellereien von Vila Nova de Gaia in die Kunst der Portweinherstellung einweihen lassen
- Eine Nacht im Douro-Tal inmitten der terrassierten Weinfelder verbringen
- In Viana do Castelo Küstenflair tanken
- Auf wenig ausgetretenen Pfaden im Nationalpark Peneda-Gerês wandern

Zur Orientierung

Endlose Atlantikstrände, lang gestreckte Höhenzüge, der einzige Nationalpark Portugals, dichte Pinienwälder, fruchtbare Obstgärten und üppige Weinberge – die Landschaft im Norden Portugals zwischen den Flüssen Minho und Douro könnte kaum abwechslungsreicher sein. Und mittendrin liegt eine Metropole, die es in sich hat: Porto, die ewige Zweite Portugals, hat in den letzten Jahren gegenüber Lissabon ordentlich aufgeholt. Die Kulturhauptstadt Europas 2001 ist seit Jahrhunderten berühmt als Hauptstadt der gehaltvollen Portweine, doch längst kann sich auch das Kulturleben sehen lassen.

Überhaupt – die Kultur: »Hier wurde Portugal geboren«, liest man an der Burg von Guimarães. Im kleinen Städtchen im Herzen der Nordprovinz Minho wurde im 12. Jh. Afonso Henriques geboren, der aus einer Grafschaft ein Königreich machte und sich zum ersten König Portugals krönen ließ. Hier also – nicht in Lissabon – stand die Wiege des Landes – und darauf ist man stolz.

Als Städtereiseziel liegt Porto, die Stadt an der Douro-Mündung, seit einigen Jahren im Trend. Beim Bummel durch das Gewirr der Altstadtgassen, bei der Ein-

kehr in einem der Restaurants mit Douro-Blick oder bei einer Fahrt mit dem Rabelo, einem der traditionellen Boote, lernt man ihre Schokoladenseiten kennen. Ein Muss ist natürlich ein Abstecher auf die andere Seite des Flusses, wo die edlen Ports in den Kellereien von Vila Nova de Gaia reifen. Eine Kostprobe muss sein!

Durch seine zentrale Lage ist Porto auch idealer Ausgangspunkt für Streifzüge durchs Umland. Renommierte Weingüter, abgelegene Dörfer und stilvolle Unterkünfte erwarten die Besucher. Ein besonderes Erlebnis ist **eine ein- bis zweitägige Bootstour auf dem Douro!**

Doch auch das historische Kernland Portugals, berühmt für seine grüne Küste (Costa Verde) und den spritzigen grünen Wein (Vinho Verde) ist nicht weit. Hier kann man im Sommer nach Herzenslust baden, im Herbst und Frühjahr vorzugsweise aber auch die kulturellen Höhepunkte von Guimarães und Braga erkunden oder in die wilde Bergwelt des Nordostens eintauchen. Der Nationalpark Peneda-Gerês, ist ein Dorado für Naturliebhaber, Wanderer und Aktivurlauber. Die Wallfahrtskirche Nossa Senhora dos Remédios ist nicht nur Ziel für Pilgerer. Und »hinter den Bergen« liegt das Bauern- und Hirtenland der Region Trás-os-Montes mit dem lebhaften Vila Real.

Echt gut!

Auf flachen Booten, den Rabelos, wurden früher die Weinfässer nach Vila Nova de Gaia gebracht

Touren in der Region

Das Minhogebiet: Heimat des Vinho Verde

④ **Porto ❯ Guimarães (ca. 45 Min.) ❯ Braga (30 Min.) ❯ Barcelos (30 Min.) ❯ Nationalpark Peneda-Gerês (1 Std.) ❯ Viana do Castelo (ca. 1,5 Std.) ❯ Porto (ca. 1 Std.)**

Dauer: 1–2 Tage; Gesamtfahrzeit: 5–6 Std.; Fahrzeit zwischen den einzelnen Orten s.o.

Praktische Hinweise: Mit öffentlichen Verkehrsmitteln muss man mehr Zeit einplanen als bei der Fahrt mit dem Pkw. Es verkehren regelmäßig Busse oder Bahnen zwischen den einzelnen Orten. Die Abstecher zur Wallfahrtskirche und in den Nationalpark Peneda-Gerês müssten dann allerdings entfallen.

④ **Minhogebiet Porto ❯ Guimarães ❯ Braga ❯ Barcelos ❯ Nationalpark Peneda-Gerês ❯ Viana do Castelo ❯ Porto**

⑤ **Flusskreuzfahrt auf dem Douro Porto ❯ Peso da Régua ❯ Barca de Alva ❯ Porto**

⑥ **Trás-os-Montes Vila Real ❯ Murça ❯ Mirandela ❯ Bragança ❯ Chaves ❯ Vila Real**

Die Tour führt von *Porto aus gen Norden in die Minho-Region – berühmt für die grüne Küste (Costa Verde) und den grünen Wein (Vinho Verde). Sie macht aber auch mit dem historischen Kernland Portugals vertraut und verläuft durch kontrastreiche Landschaften sowie die hübschen Kleinstädte *Guimarães ❯ S. 67, Braga, Barcelos und Viana do Castelo, die allesamt einen Bummel wert sind. In *Braga ❯ S. 68

taucht der Besucher in die Geschichte ein und vor den Toren der Bischofsstadt erhebt sich die barocke Wallfahrtskirche ***Bom Jesús do Monte** › S. 68, die großartige Ausblicke aufs Umland erlaubt. Einblick in die kunsthandwerklichen Traditionen bietet **Barcelos** › S. 69, Zentrum der Keramik- und Spielwarenindustrie. Von dort kann man einen Schlenker zum Nationalpark ****Peneda-Gerês** › S. 72 einbauen. Wer ihn auf einer Wanderung erkunden möchte, sollte eine Übernachtung einplanen. Vom Nationalpark führt die N 101 ins Anbaugebiet des Vinho Verde, bevor man in **Valença do Minho** › S. 71 auf den Jakobsweg trifft. Weiter geht es in Richtung Küste und auf der N 13 nach ****Viana do Castelo** › S. 69. Hier kann man die Nacht verbringen. Auf dem Rückweg nach **Porto** entlang der Costa Verde lockt so mancher Strand zum Baden.

Flusskreuzfahrt auf dem Douro

5 **Porto › Peso da Régua (ca. 90 km) › Barca de Alva (110 km) › Porto (210 km)**

Dauer: 2 Tage Fahrtzeit. Wer weniger Zeit hat, bucht eine eintägige Tour von Porto nach Peso da Régua. Von dort geht es mit dem Zug zurück nach Porto.
Praktische Hinweise: Verschiedene Veranstalter – z.B. Via Douro, Tel. 222 081 935, oder Douro Azul, Tel. 223 402 500, www.douroazul. com – bieten organisierte Touren an, bei eintägigen Touren ist auch die Rückfahrt mit dem Zug inklusive.

Auf dieser Tour lernt man die eindrucksvolle Kulturlandschaft des Douro-Flusses geruhsam und stilvoll auf einer Flusskreuzfahrt kennen – ein landschaftlicher Genuss auch für Verwöhnte! Ausgangspunkt der Tour ist *Porto › S. 55, und vorbei an den Portweinkellern von **Vila Nova de Gaia** › S. 65 geht es in das Herzland des schweren Weines, das bei Barqueiros beginnt. **Peso da Régua** › S. 73 ist Zentrum der Portweinregion, Sitz vieler Portweinkellereien und der Casa do Douro, welche die mehr als 40 zugelassenen DOC-Rebsorten kontrolliert. Hier geht man vor Anker.

Einen Abstecher lohnt **Lamego** (12 km) mit der Wallfahrtskirche ****Nossa Senhora dos Remédios** › S. 73. Weiter geht es nach Pin-

hão (› S. 74, 25 km östlich von Peso da Régua) mit den bekanntesten Weingütern. Der Blick über die Weinberge oberhalb des Ortes ist grandios! An der spanischen Grenze liegt der kleine Ort **Barca de Alva,** von dort aus kehrt man nach **Porto** zurück.

Trás-os-Montes: Hinter den Bergen

6 **Vila Real › Murça › Mirandela › Bragança (IP 4, 2 Std.) › Chaves (2, 5 Std.) › Vila Real (1,5 Std.)**

Dauer: 1 Tag; Gesamtfahrzeit 6 Std.
Praktische Hinweise: Eine Pkw-Tour, die auch mit öffentlichen Bussen durchgeführt werden kann, dann allerdings sehr zeitaufwendig ist.

Diese Tour führt auf dem Landweg in eine der anmutigsten Landschaften Portugals, die berühmte Weinregion des Douro-Tals, wo auf terrassierten Hängen die Portweintrauben im Schatten der barocken Güter der Weinbarone reifen. Zur spanischen Grenze hin wartet die Region **Trás-os-Montes** darauf, entdeckt zu werden. Das karge Hirten- und Bauernland »hinter den Bergen« mit glutheißen Sommern und langen, harten Wintern trieb seine Bewohner seit jeher in Scharen in die Emigration. Startort der Tour ist das quirlige Städtchen **Vila Real** › S. 77, Ausgangspunkt interessanter Wanderungen in den Naturpark der **Serra de Al-**

vão › S. 77. Von Vila Real mit seinem lebendigen Altstadtkern geht
es über die IP4 hinauf in die
hübsch gelegene Kleinstadt **Bragança** › S. 75 mit dem Stammschloss der gleichnamigen Herr-
scherfamilie. Dann ist es nicht
mehr weit zum **Naturpark Montesinho** › S. 76 nahe Spanien. Die
Strecke von Bragança in den
Thermalkurort ***Chaves** › S. 76
windet sich spektakulär durch das
Hochland und verlockt unterwegs
immer wieder zum Schauen und
Staunen. Zurück geht es durch die
für ihr Mineralwasser berühmten
Heilbäder Vidago und Pedras Sal-
gadas nach **Vila Real.**

Schäfer im Hirten- und Bauernland
Trás-os-Montes

Unterwegs in Nordportugal

*Porto ❶

Porto ist wie Lissabon eine Stadt
am Fluss kurz vor seiner Mündung ins Meer. Aber das Flusstal
des Douro ist eng und tief einge-
kerbt, das Steilufer viel höher und
abschüssiger, die Altstadt kleiner
und labyrinthischer.

Sechs Brückenspangen verbin-
den Porto mit der Schwesterstadt
Vila Nova de Gaia, dem Sitz der
Portweinkellereien. Aus schwin-
delerregender Höhe der oberen
Trasse der jüngst restaurierten
Eisenbrücke Dom Luís I oder von
der Terrasse der Kirche Nossa
Senhora do Pilar bietet sich ein
Postkartenblick auf die am Gra-
nitfels klebende Altstadt. »Es ist

das immer wiederkehrende Bild
der portugiesischen Stadt, der die
Linie fehlt, die ihre Ungleichhei-
ten verbindet. Fast immer auf
Bergen stehend oder gleichsam
über Berge herunterstürzend …«
(Reinhold Schneider). Und exakt
so zeigt sich Porto: am Fluss der
malerische Cais da Ribeira mit
seinen bunten Hausfassaden. Darüber türmt sich das dicht gestaf-
felte Bairro da Sé mit seinen schönen Bürgerhäusern, dominiert
von der trutzigen, altersgrauen
Kathedrale und dem klotzigen Bischofspalast. Und ein Bummel
führt durch die Gassen der Altstadt, in denen orientalisches
Chaos und nordische Nüchtern-
heit sich bestens arrangieren.

icht
gut!

Geschichte

Porto, die zweitgrößte Stadt des Landes mit etwa 238 000 Einwohnern (1,5 Mio. im Großraum), ist aus einer römischen Hafensiedlung entstanden. Sie verlieh nicht nur dem Portwein, sondern dem ganzen Land ihren Namen. Nach der Vertreibung der Mauren entstand hier 1095 die christliche Grafschaft *Portucalia,* aus der sich das Königreich Portugal entwickelte. Schon immer lebte Porto vom Handel. Mit der Reconquista › S. 34 stieg es zum wichtigsten Wirtschaftszentrum des Nordens auf, das im 13. und 14. Jh. Seehandelsrouten bis nach England, Flandern und zu den Hansestädten unterhielt.

Allianzen und Antipathien

Aus der Ehe König Joãos I. und der Engländerin Filipa de Lencastre, die eine Allianz gegen Kastilien befestigte, wurde 1394 in Porto Heinrich der Seefahrer geboren. Englische Kaufleute, die mit Kolonialwaren wie Tabak und Zucker handelten, wurden schon früh in Porto heimisch. Der bis heute sichtbare britische Einfluss in der Stadt verstärkte sich erheblich seit dem berüchtigten Methu-

- **A** Praça da Liberdade
- **B** Rathaus
- **C** Bahnhof São Bento
- **D** Santa Clara
- **E** Kathedrale (Sé)
- **F** Casa Museu Guerra Junqueiro
- **G** Jesuitenkirche dos Grilos
- **H** Praça da Ribeira
- **I** Palácio da Bolsa
- **J** Misericórdia-Kirche
- **K** Santo Ildefonso
- **L** Mercado do Bolhão
- **M** Torre dos Clérigos
- **N** Nossa Senhora da Vitória
- **O** Jardim João Chagas
- **P** Praça Gomes Teixeira
- **Q** Museu Nacional Soares dos Reis

en-Vertrag mit England von 1703, der britischen Weinhändlern zu einer Monopolstellung im Portweinhandel verhalf. Gegen die Zentralgewalt in Lissabon wehrte sich Porto vergeblich. So wurde u.a. der Protest gegen die vom Marquês de Pombal gegründete Weinhandelsgesellschaft mit Gewalt niedergeschlagen und ein Militärgouverneur, João de Almada, eingesetzt. Auf ihn und seinen Sohn gehen aber auch viele Maßnahmen zur Sanierung und Verschönerung der Stadt in der zweiten Hälfte des 18. Jhs. zurück.

Liberale Wirtschaftsstadt

Porto war im 19. Jh. der Hort antimonarchistischer Kräfte. Der liberale Aufstand von 1820 führte zur ersten Verfassung. Das Salazar-Regime war in Porto von Anfang an unpopulär. Das Selbstbewusstsein der Stadt resultiert aus ihrer Wirtschaftskraft. Porto besitzt neben traditionellen Industriezweigen (Petrochemie, Textil- und Lebensmittelfabriken) viele moderne Sparten, z.B. Telekommunikation, und mit dem Hafen Leixões den zweitgrößten Industriehafen Portugals.

Jedem Portugiesen ist der Spruch geläufig: In Lissabon wird geprasst, in Porto gearbeitet, in Coimbra studiert und in Braga gebetet. In Porto ist man nüchterner als in Lissabon und weniger idealistisch. Die Stadt leidet jedoch unter ihrer Rolle als der ewigen Zweiten hinter Lissabon, wo die politischen und administrativen Entscheidungen fallen.

Die Renommierstraße

Die **Praça da Liberdade** Ⓐ, der weite Platz am unteren Ende der hügelan steigenden Renommierstraße **Avenida dos Aliados,** Mittelpunkt des Geschäftszentrums mit imposanten Zuckerbäckerbauten vom Anfang des 20. Jhs., ist zentraler Ausgangsort für Stadtspaziergänge. In der Nacht zum 24. Juni feiert man hier das ==Johannisfest, Portos volkstümliches Stadtfest== mit allerlei traditionellen Bräuchen › S. 43.

Über Stock und Stein

Wegen des Verkehrschaos und der schwierigen Orientierung sollten Autofahrer den Wagen in der Hotelgarage, am Flussparkplatz Alfândega oder am anderen Ufer in Vila Nova de Gaia abstellen. Porto kann man am besten zu Fuß erkunden, über Treppengänge und schmale Gassen die steilen Hänge hinauf und hinunter. Hier geht es oft buchstäblich über Stock und Stein: von der volkstümlichen Atmosphäre des frisch herausgeputzten Altstadthügels zum Ribeira-Viertel und zum bombastischen Börsenpalast; über Einkaufsstraßen, die häufig nach Gewerben aufgeteilt sind, zum bunten Bolhão-Markt, vorbei an Azulejo- und Jugendstilfassaden mit zierlichen Eisenbalkonen, an dunklen Kaschemmen, Sardinenverkäuferinnen und Schuhputzern, Hinterhofgärten mit krähenden Hähnen, altmodischen Lädchen und Cafés von verblichenem Charme.

Die Praça da Liberdade wird bewacht von der Statue des Königs Dom Pedro IV., der als Pedro I. 1822–1831 Kaiser von Brasilien war. Den oberen Abschluss der Avenida dos Aliados bildet das **Rathaus** ❸ (Câmara Municipal) aus Granit, 1929–1948 im Stil flämischer Paläste erbaut, mit 70 m hohem Glockenturm.

Altstadt: Zur *Sé und ins **Ribeira-Viertel

Von der Praça da Liberdade führt eine Unterführung zum alten **Bahnhof São Bento** ❸ mit seinen riesigen Azulejo-Bildwänden von 1930 in der Eingangshalle. Damals erhielt auch die Außenfront der **Congregados-Kirche** schräg gegenüber ihren Fliesenschmuck.

Rechts vom Bahnhof führt ein Schlenker durch die Rua do Loureiro zur **Rua Chá** mit vielen Läden und Kneipen und in die Rua Saraiva de Carvalho zur Kirche **Santa Clara** ❸. Etwas versteckt liegt sie am Largo 1° de Dezembro hinter einer Grünanlage. Das kleine Gotteshaus ist im Inneren über und über mit goldschimmerndem Schnitzwerk bedeckt: exquisite barocke *talha dourada.

Hinter dem Torbogen links von der Kirche sind Reste der **Stadtmauer** aus dem 14. Jh. erhalten. Von hier bietet sich eine wunderschöne *Aussicht auf den tief unten dahinziehenden Douro und seine Brücken: links die elegante alte Eisenbahnbrücke *Ponte de Dona Maria Pia** von Gustave Eiffel, die Modell stand für den **Ponte de Dom Luís I,** auf dessen Ei-

senbogen von 172 m Spannweite und 68 m Höhe und seine zwei Fahrbahnen man direkt hinunterblickt. Auf der oberen Ebene fährt die Metro von Porto entlang, gesäumt von zwei Fußgängerwegen. Ein **Aussichtsweg (Passeio das Fontainhas)** führt östlich von Santa Clara am Hochufer entlang.

Es geht zurück zur Avenida de Afonso Henriques und hinauf zur Akropolis von Porto, wo die *Kathedrale** ❸ (Sé) auf dem höchsten Punkt des granitenen Altstadtfelsens thront. Im 12. Jh. war sie eine Wehrkirche, ähnlich wie die Bischofskirchen von Lissabon und Coimbra. Trotz späterer Umbauten ist der massige Festungscharakter des Gründungsbaus in der Außenansicht erhalten. Von eindrucksvoller Düsterkeit ist das strenge romanische Langhaus. Kostbarstes Objekt der Sé ist der barocke *Sakramentsaltar** aus 800 kg getriebenem Silber. Reizvoller erscheint aber der kleine gotische Kreuzgang (14. Jh.) mit *Azulejos** aus dem Rokoko (tgl. 9–12, 14.30–18 Uhr, Eintritt).

Niccolò Nasoni, Baumeister italienischer Herkunft, war Hauptmeister der Portuenser Barockarchitektur im 18. Jh. Sein Name ist mit allen wichtigen Bauten verbunden. Von ihm stammen der **Bischofspalast** hinter der Sé mit seiner 60 m langen Fassade und die elegante **Casa Museu Guerra Junqueiro** ❼ in der Rua de Dom Hugo 32, die sich um die Ostseite der Kathedrale windet. Das frühere Wohnhaus des lokalen Revolutionshelden und Satiri-

Die wunderbare Azulejo-Wand im Bahnhof São Bento

kers Guerra Junqueiro (1850 bis 1923) repräsentiert mit einem Wirrwarr von Sammelobjekten den damaligen Zeitgeist (Di–Sa 10–12, 14–17 Uhr).

Der Abstieg durch das sanierte Barredo-Viertel in die Unterstadt kann hier oder vom Vorplatz der Kathedrale aus beginnen. Das **Bairro da Sé** ist das älteste und volkstümlichste Stadtviertel. Der Verfall des historischen Ensembles, Weltkulturerbe der UNESCO, wurde durch ein vorbildliches Instandsetzungsprogramm aufgehalten, das streng am Erhalt des Bestands orientiert ist. Ein langer Treppensteig zieht sich an nackten Felshang von der Sé hinunter zum **Largo do Colégio** mit der imposanten Schaufassade der ehemaligen **Jesuitenkirche dos Grilos** (17. Jh.).

Über die uralte Rua de Sant' Ana sowie die Rua dos Mercadores gelangt man zur **Praça da Ribeira** ⓗ. Der pittoreske **Cais da Ribeira** am ehemaligen Flussha-

fen ist eine Besucherattraktion. Cafés, Kneipen und Restaurants reihen sich in den höhlenartigen Lauben der granitenen Kaimauer. Am Kai starten mehrmals täglich zwischen 10 und 18.30 Uhr **Flussrundfahrten, die unter den sechs Brücken** hindurch insgesamt eine Stunde flussauf- und flussabwärts zur Mündung des Douro führen (Via d'Ouro, Praça da Ribeira 5, Tel. 222 081 935).

Porto der Handelsherren

In Porto waren und blieben im Gegensatz zu Lissabon die bürgerlichen Kaufleute tonangebend. Dafür sorgte ein vom frühen Mittelalter bis ins 17. Jh. geltendes Niederlassungsverbot für den Adel, der sich in der Stadt nur drei Tage aufhalten durfte. Selbst der König besaß hier keine Residenz, sondern nur Gastrecht im Bischofspalast.

Armut und Reichtum sind durch die Rua do Infante Dom

Henrique getrennt, in der die **Casa do Infante,** das mutmaßliche Geburtshaus Heinrichs des Seefahrers steht (heute Galerie). Früher nannte man sie die »Straße der Engländer«. Hier befindet sich die hochvornehme, nur Mitgliedern zugängliche **Feitoria Inglesa** (Englisches Handelshaus; Ecke Rua de São João) aus dem 18. Jh. Auch die traditionsreiche Portuenser Kaufmannschaft, deren Clans die Geschicke der Stadt bestimmen, liebt es, sich in elitären Clubs von der Öffentlichkeit abzuschirmen.

Schräg gegenüber der Feitoria Inglesa liegt der Tempel der Handelsherren: der ***Palácio da Bolsa** ❶ (Börse) mit seinem pompösen neomaurischen Festsaal (*Sala Arabe). Seit 1834 trifft sich hier Portos Banken- und Wirtschaftswelt (Führungen tgl. 9–17.30 Uhr, alle 30 Min.). Die Börse steht auf dem Platz des einstigen Klosters

***São Francisco.** Die noch erhaltene Kirche ist die schönste in ganz Porto, erbaut um 1400 und reich mit mattgoldener *talha des 17. und 18. Jhs. dekoriert.

Aus der **Misericórdia-Kirche** ❶ auf der linken Straßenseite stammt das sehenswerte *Renaissancegemälde mit den Porträts von König Manuel I., seiner Gemahlin und ihren acht Kindern, das im benachbarten **Misericordia-Museum** zu besichtigen ist.

Einkaufsstraßen

Nördlich der Praça da Liberdade führen die schnurgeraden »neuen« Avenidas nach Norden, die freilich schon an die 250 Jahre alt sind. Die älteste, die **Rua do Almada** (1762), ist die Straße der Eisenwarenhändler, die **Rua da Picaria** die Straße der Möbelschreiner. Gemischter Einzelwarenhandel bestimmt das Gesicht der **Rua de Sá da Bandeira.** Par-

Obst und Gemüse, aber auch andere Spezialitäten und Souvenirs werden im Mercado do Bolhão angeboten

allel dazu (östlich) verläuft die beliebteste Shoppingmeile, die **Rua de Santa Catarina** (teils Fußgängerzone). Hier befindet sich das **berühmteste Traditionscafé Portos, das Majestic** von 1922, wo sich seit Jahrzehnten Intellektuelle und Journalisten zum Meinungsaustausch in historischem Ambiente treffen. Joanne K. Rowling sammelte hier Ideen für »Harry Potter und der Stein der Weisen« (Nr. 112, Tel. 222 003 887, tgl. 9.30–24 Uhr).

Die Rua de Santa Catarina mündet auf die Praça da Batalha mit der Kirche **Santo Ildefonso** Ⓚ (18. Jh., Azulejos von 1932) sowie Theater- und Kinopalästen. Vom **Aguia d'Ouro** von 1899 steht nur mehr die Fassade. Das pompöse Nationaltheater **São José** stammt von 1918, das **Cinema Batalha** aus den 1940er-Jahren.

Shopping

An der Rua Formosa, einer geschäftigen Straße zwischen Rua de Santa Catarina und Avenida dos Aliados, liegt der Eingang zum größten und schönsten Lebensmittelmarkt Portos, dem *Mercado do Bolhão* Ⓛ, mit bunten Ständen unter einer umlaufenden Galerie (Mo–Fr 8–17, Sa 8–13 Uhr).

Westliche Innenstadt

Das Wahrzeichen Portos ist die **Torre dos Clérigos** Ⓜ, mit 75 m der höchste Kirchturm Portugals, der früher den Portweinschiffern als Richtpunkt für den Hafen diente. Die ovale Kirche (1732 bis 1748) und der Turm (1755) sind ein Hauptwerk des Barockarchi-

tekten Niccolò Nasoni, der hier begraben liegt. Von der Turmspitze aus bietet sich **das großartigste *Panorama auf Stadt und Fluss** (tgl. 10–12, 14–17, So 10–13 Uhr, im Sommer bis 19 Uhr).

Ein Spaziergang führt durch die Rua de São Bento da Vitória, vorbei an dem wuchtigen ehemaligen Konvent aus dem 17. Jh. bis zum Kirchlein **Nossa Senhora da Vitória** Ⓝ mit schöner *Aussicht über Dächer mit gläsernen Lichtkuppeln (clarabóias) auf die Altstadt. Durch die Rua das Taipas geht es über die Rua das Virtudes zum Passeio das Virtudes mit fantastischem *Stadt-Fluss-Blick.

Über die Parkanlage des **Jardim João Chagas** Ⓞ, flankiert von den Riesenbauten des Justizpalastes, der Alten Akademie und dem Hospital Santo António aus dem 18. Jh., erreicht man die **Praça Gomes Teixeira** Ⓟ mit Palmen, Brunnen und zwei Karmeliterkirchen aus dem 17. und 18. Jh. (Azulejos an der Außenwand von 1912). Von hier führt die Rua da Cedofeita nach Norden, an deren Ende (ca. 1 km) **São Martinho de Cedofeita** aus dem 6. Jh. steht, das älteste Gotteshaus Portugals.

An der Rua de Dom Manuel II hinter dem Hospital Santo António liegt Portos größtes Kunstmuseum, das **Museu Nacional Soares dos Reis** Ⓠ mit einer sehr gemischten Sammlung u.a. portugiesischer Plastik und Malerei des 16. und 19. Jhs., Keramik, Silber, und Glas (Di 14–18, Mi–So 10 bis 18 Uhr). Beliebt ist der **Jardim do Palácio de Cristal** mit großer

Veranstaltungshalle nebenan (Palácio dos Desportos).

An der Westseite des Parks verläuft die Rua de Entre Quintas. Hier liegt die **Quinta da Macieirinha** (Nr. 220) inmitten eines idyllischen Gartens. In dem bezaubernden Landhaus aus dem 19. Jh. ist das **Museu Romântico** eingerichtet, das mit seiner Sammlung den typischen Wohnstil der Bauzeit dokumentiert (Di–Sa 10–12.30, 14–17.30, So 14 bis 17.30 Uhr).

Im Erdgeschoss der Quinta da Macieirinha ist das **Portweininstitut Solar do Vinho do Porto** untergebracht. Nach der Besichtigung kostet man erlesene Portweine und genießt die Aussicht von der Terrasse (www.ivdp.pt, Mo–Sa 16–24 Uhr, › S. 66).

Busse der Linie 78 fahren von der Rua de Dom Manuel II wieder Richtung Stadtmitte; die Linie 78 verkehrt auch stadtauswärts zur *Casa de Serralves nahe der Kreuzung Avenida da Boavista/Avenida M. Gomes da Costa, einem der bedeutendsten Privathäuser Portugals des 20. Jhs. (Rua de Serralves 977, Di–So 10 bis 19 Uhr). Im ehemaligen Museu de Arte Moderna finden heute Wechselausstellungen statt. Villa und *Parkanlage wurden 1930 unter Mitarbeit von französischen Meistern des Art déco entworfen (Greber, Ruhlmann, Lalique).

Bemerkenswerte zeitgenössische Kunst zeigt das *Museu de Arte Contemporânea von Stararchitekt Álvaro Siza Vieira im Garten der Quinta (Rua Dom João de Castro 210, Tel. 226 156 500, www.serralves.pt, Di–Fr 10–19, Sa, So, Fei bis 20 Uhr).

■ **Info Turismo**
Rua Clube dos Fenianos 25
(beim Rathaus), Tel. 223 393 472
www.portoturismo.pt
sowie **Praça Dom João I**
Tel. 223 393 760

■ **Flughafen:** Francisco Sá Carneiro, 15 km nördlich des Zentrums; Buszubringer.

■ **Bahnhöfe: São Bento** (Nahverkehr nach Süden); **Campanhã** (Hauptbahnhof; Schnellzüge nach Norden, Süden und ins Douro-Tal); **Metro** zu den nördlichen Vororten an der Küste.

■ **Busverbindungen:** Linienbusse in alle Orte der näheren Umgebung. Preiswerte Fernbusse nach Lissabon, Braga, Vila Real etc.

■ **Stadtrundfahrten:** mit **Diana-Tours**, Reservierung Tel. 217 998 540, www.dianatours.pt und in Hotels.

■ **Infante de Sagres**
Praça Dona Filipa de Lencastre 62
Tel. 223 398 500
www.hotelinfantesagres.pt
Mitten in der Stadt und dennoch eine Oase der Ruhe. Im eleganten Boutique-hotel harmonieren Antiquitäten und modernes Design wunderbar. Mit Spa und gutem Restaurant. ●●●

■ **Pestana Porto**
Praça da Ribeira 1
Tel. 223 402 300][**www.pestana.com**
Kleines Haus mit Stil im Herzen der Altstadt; Aussicht auf den Douro. ●●●

■ **Grande Hotel do Porto**
Rua de Santa Caterina 197

Tel. 222 076 696

www.grandehotelporto.com

Altes Nobelhotel mit geschmackvoll modernisierten Zimmern. Zentral und dennoch ruhig gelegen. ●●

■ **Residencial Pão de Açúcar**

Rua do Almada 262

Tel. 222 002 425

www.residencialpaodeacucar.com

Gepflegtes kleines Hotel mit altportugiesischem Charme und toller Dachterrasse. ●—●●

■ **Residencial Rex**

Praça da República 117

Tel. 222 074 590][**Fax 222 074 593**

r.rex@netcabo.pt

Jugendstilvilla an einem der schönsten Plätze Portos mit familiärem Charme und sehr fairen Preisen. ●

Restaurants

■ **Portucale**

Rua da Alegria 598

Tel. 225 370 717

Auf einer Dachterrasse im 13. Stock serviert man feine Küche mit Panoramablick über Porto. ●●●

■ **Dom Tonho**

Cais da Ribeira 13–15

Tel. 222 004 307][**www.dtonho.com**

Der portugiesische Popstar Rui Veloso ist Hausherr des In-Lokals mit schönem Ausblick auf den Fluss. Moderne internationale Küche, basierend auf portugiesischen Rezepten, sowie hochkarätige Weinauswahl. ●●●

■ **Tripeiro**

Rua Passos Manuel 195

Tel. 222 005 886

Hier gibt es eines der Leibgerichte der Einheimischen: tripas (Kutteln). ●●

■ **Chez Lapin**

Rua das Canastreiros 40–42

Tel. 222 006 418

Rustikaler Charme umgibt die Gäste im Chez Lapin am Ribeira-Ufer. Vorzüglich munden Tintenfisch, Stockfisch (bacalhau) oder Lamm. ●—●●

Shopping

Um den bekannten Lebensmittelmarkt *Mercado do Bolhão ﹥ S. 61 gruppieren sich einige traditionsreiche Geschäfte, beispielsweise

■ **A Pérola do Bolhão** (Rua Formosa 279) mit einer hübschen Jugendstilfassade. Hier kann man Delikatessen und süße Köstlichkeiten erstehen.

■ Die barocke **Rua das Flores** war einst die Straße der Gold- und Silberschmiede. Überlebt hat das renommierteste Geschäft für antiken und neuen Schmuck: Pedro A. Baptista (Rua das Flores 235).

■ Gegenüber der Clérigos-Kirche sollte man einen Blick in die Livraria Lello & Irmão werfen, eine einzigartige Bücherkathedrale aus dem Jahr 1906. Bei einer Tasse Kaffee kann man zwischen neogotischen Bücherregalen in wunderschönen Bildbänden schmökern (Rua das Carmelitas 144, Tel. 222 002 037, Mo–Sa 10–19.30 Uhr).

A Pérola do Bolhão: ein Schmaus für Augen und Gaumen

Am Abend

■ **Casa da Música**

Av. da Boavista 604–610
www.casadamusica.com

Echt gut! Portos Musentempel mit Konzerten von Klassik bis Pop zieht auch Fans moderner Architektur an. Das 2005 eröffnete Konzerthaus ist ein Meisterwerk des Niederländers Rem Koolhaas (Mo–Sa 10–19, So 10–18 Uhr, Führungen auf Englisch tgl. 16 Uhr).

■ Wer Nachtleben schnuppern will, sollte sich in den Bars und Diskotheken des Viertels **Ribeira** umsehen. Viele Lagerhallen wurden zu Clubs umgerüstet, in denen man bis in die frühen Morgenstunden tanzen kann. Zu den Trendlokalen mit anspruchsvollem Publikum gehören das **Académia** (Ribeira, Rua S. João 80, Tel. 222 038 400) oder das **Indústria** (Av. do Brasil 843, Tel. 220 962 935) im noblen Villenvorort Foz do Douro. Der Club **Triplex** (Av. de Boavista 911, Tel. 226 098 968) bietet ein vielseitiges musikalisches sowie kulinarisches Programm (ca. 4 km außerhalb). Etwas ruhiger geht es am anderen Flussufer in den zahlreichen Bars am **Cais de Gaia** zu, die mit einem schönen Blick über Douro und Altstadthügel locken. Ein Tipp: **Contra Corrente Bar** (Rua Diego Leite 282, Vila de Gaia).

Ausflüge von Porto

Golf am Meer

Golfer sollten einen Abstecher mit dem Pkw nach Póvoa de Varzim, an der Küstenstraße gen Norden gelegen, nicht versäumen. Im **Golf Club Estela** (ca. 18 km),

einem der schönsten Golfplätze des Landes, kann man inmitten einer parkähnlich anmutenden Dünenlandschaft abschlagen und dabei den Wellen des Atlantiks lauschen (Tel. 252 601 814/567, www.estelagolf.pt).

Mit der Tram ans Meer

An der Kirche São Francisco kann man in den Eléctrico Nr. 18 steigen (Mo–Sa). Die Tram zuckelt ca. 20 Minuten am Douro-Ufer entlang zum noblen Vorort **Foz Velha** und zum 300 Jahre alten **Castelo de Queijo** an der Mündung des Douro in den Atlantik. Unterwegs gibt es viel zu schauen und zu entdecken.

Nach *Amarante

Von Porto aus führen die Wege nach Vila Real ❯ S. 77 oder Peso da Régua ❯ S. 73 gleichermaßen durch Amarante. Idyllisch liegt die kleine Stadt zu beiden Seiten der Bogenbrücke von 1790 über den Rio Tâmega (Ruderbootverleih). Schutzheiliger von Amarante ist São Gonçalo, den man auf der Suche nach einem Ehepartner und um Kindersegen anruft. Die große Wallfahrt zu seinem Grab in der **Klosterkirche São Gonçalo** (16. Jh.) findet am ersten Juniwochenende statt.

Im Kloster von Amarante zeigt das **Museu Municipal** Werke aus der Pionierzeit der Moderne von Amadeu de Souza-Cardoso (1887 bis 1918), einem der wenigen portugiesischen Künstler von internationalem Rang (Di–So 10 bis 12.30, 14–17.30 Uhr).

Special

Die Welt des Portweins

Erbarmungslos brennt die Sonne auf die handgeschichteten steilen Schieferterrassen des mittleren Douro-Tals, kocht förmlich die an den unteren Hängen gedeihenden Trauben, aus denen der Grundwein des Ports gekeltert wird. Von Porto geht es über Serpentinen oder per Bimmelbahn in die Portweinzentren **Mesão Frio, Peso da Régua** und **Pinhão,** vorbei an den barocken Quintas der Weinbauern, bis in den rauen Osten, wo die besten Trauben wachsen.

Bis 1956 brachten statt der Tankwagen flache Boote, die *barcos rabelos,* mit langen Rudern und geblähten Segeln die Weinfässer flussabwärts in die Lagerhäuser von Vila Nova de Gaia, gegenüber von Porto.

Erfunden haben den Portwein die Briten. Damit der Rebsaft des Douro auf langen Schiffsreisen nicht sauer wurde, versetzten sie ihn ab 1678 mit Branntwein.

 **Portwein-
kellereien**

Seit über 300 Jahren ist Vila Nova de Gaia der Hauptsitz der Portweinkellereien. Viele von ihnen bieten Führungen inklusive Weinprobe an, z.B.

■ **Taylor's**
Rua do Choupelo 250
Tel. 223 742 800][**www.taylor.pt**

Rota de Vinho do Porto

Im Touristenbüro von Peso da Régua, Rua da Ferreirinha, gibt es eine Karte der »Rota de Vinho do Porto«, die besucherfreundliche Weingüter des Douro-Tals verzeichnet. Führungen durch die **Quinta de São Domingo**, Tel. 254 320 100, und die 250 Jahre alte **Quinta do Panascal** im Tavoratal, Tel. 254 732 321, fallen persönlicher aus als in **Vila Nova de Gaia** (s.o., dort auch auf Deutsch, sonst auf Englisch).

Taylor's, die letzte der alten englischen Port-Companies (1692), die noch in Familienbesitz ist, bietet die beste Tour. Mo–Fr 10–18 Uhr, Sommer auch Sa.

■ **Sandeman**
Largo Miguel Bombarda 3
Tel. 223 740 533
www.sandeman.com
Bei einem kostenlos kredenzten 40 Jahre alten Vintage Port genießt man den Blick auf Stadt und Fluss. Sandeman präsentiert in einem alten Kloster die Geschichte des Portweins. Tgl. 9.30–12.30, 14–17.30 Uhr.

■ **Ferreira**
Av. Ramos Pinto 70
Tel. 223 746 108/7][www.sogrape.pt
In der Kellerei Ferreira, deren legendäre Barca Velha zu den großen Weinen der Welt zählt, wird in einer mit prächtigen Azulejos verkleideten Halle verkostet. Tgl. 10–12.30, 14–18 Uhr.

Übernachten auf Weingütern

■ **Quinta de la Rosa**
Tel. 254 732 254][Fax 254 732 346
www.quintadelarosa.com
Etwas außerhalb von Pinhão bietet die Quinta de la Rosa sechs Doppelzimmer mit Frühstück, einen Pool und jede Menge Einblicke in den Alltag des Weinbaus. ●●

■ **Pousada do Solar da Rede**
Tel. 254 890 130][Fax 254 890 139
www.pousadas.pt (geschlossen bis Ende 2012)
Nobler nächtigt man in der Pousada bei Mesão Frio, einer Quinta aus dem 18. Jh. im Herzen der Portweinregion mit 31 Zimmern und Suiten, Pool und Panoramablick auf den Douro. Die Bar führt viele edle Tropfen, es gibt auch Wein aus eigener Produktion. ●●●

Farbenlehre des Port

Am exklusivsten sind die **Vintage Ports** (Jahrgangsportweine), kleine feine Partien, die nach zwei Jahren in Flaschen abgefüllt werden und dann wenigstens 15 Jahre reifen sollten. Alle anderen Ports werden aus Verschnitten (Blends) gewonnen. Am billigsten ist der fruchtige tiefrote **Ruby,** der schon nach zwei bis drei Jahren auf Flaschen gezogen wird. Mindestens sieben Jahre in Eichenfässern reifen die am Ende bernsteinfarbenen **Tawnies,** falls sie nicht künstlich mit weißem Port gealtert wurden. Der nussige **White Port** wird aus weißen Trauben hergestellt und ist halbtrocken bis »tränensüß«. Port trinkt man aus schmalen Tulpengläsern, als Dessertwein zu Obst, Käse und Bitterschokolade, er passt auch zu den in Porto gern gegessenen Innereien und Pasteten. White Port wird gekühlt oder auf Eis als Aperitif zu Nüssen, Oliven und Salzgebäck serviert, edler Vintage wegen seines Depots stets dekantiert und am besten solo genossen.

Weinkauf mit Verkostung

An die 200 Sorten Port kann man im **Solar do Vinho do Porto** probieren; 1–25 € kostet das Glas. Porto, Rua de Entre Quintas 220, Tel. 226 094 749, www.ivdp.pt.
   Die größte Auswahl edler Vintage-Tropfen (Jahrgangsportweine) führt **Garrafeira do Carmo,** Porto, Rua do Carmo 17, Tel. 222 003 285.

*Guimarães 2

Die Industriestadt (51 km von Porto, 158 000 Einw.) ist ein Ort mit Geschichte, aber als Europäische Kulturhauptstadt 2012 auch mit lebendiger Gegenwart. Mit Stolz bezeichnet sie sich als »Wiege Portugals«, Geburtsort von Afonso Henriques, der die Grafschaft Portucale, das Land zwischen Minho und Douro, zum Königreich Portugal erklärte. Auf dem »Heiligen Hügel« über der Stadt steht die zinnenbekrönte *Burg mit dem 27 m hohen Bergfried (Castelo, Di–So 9.30–12.30, 14–17 Uhr), wo er in der Kapelle São Miguel getauft wurde.

Vorbei an dem in der Salazar-Zeit überrestaurierten **Palast der Braganças** (Paço dos Duques), gelangt man auf der malerischen Rua de Santa Maria hinunter in die *Altstadt. Im *Museu Martins Sarmento (Largo Toural) werden Funde aus der keltiberischen Siedlung Citânia de Briteiros gezeigt. Das *Museu Alberto Sampaio präsentiert religiöse Kunst in ehemaligen Klosterräumen am Largo de Oliveira, dem schönsten Altstadtplatz.

Info

Turismo
■ **Alameda de São Damaso 83**
Tel. 253 412 450

Hotels

■ **Casa de Sezim**
Tel. 253 523 000][**www.sezim.pt**
Alter Adelssitz, 4 km außerhalb, mit Charme und Komfort, der sich als anspruchsvolle Unterkunft **für Erkundungen im Hinterland eignet und sehr guten Vinho Verde** keltert. ●●●

■ **Pousada Santa Marinha**
Tel. 253 511 249
www.pousadas.pt
Elegantes Hotel in einem Augustinerkonvent des 12. Jhs. hoch über der Stadt. Im Garten mit Pool kann man Erholung tanken. ●●●

■ **Trinas**
Rua das Trinas 29
Tel. 253 517 358][**Fax 253 517 362**
Ordentliche Zimmer zu sehr fairen Preisen mitten in der Altstadt. ●

Restaurant

Solar do Arco
Tel. 253 513 072
Bodenständiges Restaurant mit traditionellen Gerichten, viel Fisch.

Ausflüge

Fahrt mit der Gondelbahn

Eine Gondelbahn, der Teleférico, schwebt auf den 617 m hohen Panoramahügel **Penha,** 6 km nordwestlich der Stadt, hinauf. Besonders volkstümlich geht es hier an Sommerwochenenden zu, wenn die Einheimischen die Picknickplätze füllen und es überall nach gegrillten Sardinen duftet. Auf dem Rückweg in den Ort kann man einen Abstecher zum barocken Kloster **Santa Marinha da Costa** machen, das heute eine der edelsten Pousadas Portugals beherbergt. Wer hier nicht wohnt, sollte zumindest dem **wunderschönen Café im alten Kreuzgang** einen Besuch abstatten.

Citânia de Briteiros

Nur 8 km vom Zentrum, in Richtung Braga, zweigt man bei Caldas das Taipas nach Citânia de Briteiros ab. Die Ruinen einer keltiberischen Siedlung versetzen den Besucher in die Zeit der frühen portugiesischen Siedler zurück (tgl. 9–18 Uhr).

*Braga 3

Die stolze Bischofsstadt mit 155 000 Einwohnern ist nicht nur kirchliches Zentrum Portugals, sondern auch ein Schwerpunkt der Industrieregion Porto-Braga. Bracara Augusta kam schon zur Römerzeit als Kreuzungspunkt wichtiger Fernstraßen und blühendem Verwaltungszentrum Iberiens überregionale Bedeutung zu.

Man muss sich durch verstopfte Straßen der Neustadt hindurchquälen, um in die kleine **Altstadt** zu gelangen mit den historischen Kirchen und Palästen an kleinen Gassen und brunnengeschmückten Plätzen. Die ursprünglich romanische **Kathedrale** präsentiert sich als Stilmix. In der Capela dos Reis (14. Jh.) liegt das Grab der Eltern des Landesgründers Afonso Henriques, Heinrich von Burgund und Teresa. Über die Fußgängerstraße Rua do Souto kommt man zum *Palácio dos Biscainhos, einem Stadtpalast des 18. Jhs. mit herrlichem Garten und einem volkskundlichen Museum (Di–So 10–17.30 Uhr).

An die römische Vergangenheit der Stadt erinnert die **Fonte da Idolo,** eine Quelle in der südlichen Altstadt, die in der Antike auch als Kultstätte diente.

São Frutuoso

Kunstfreunde sollten einen Abstecher zum 4 km außerhalb gelegenen Oratorium São Frutuoso (7. Jh.) nicht versäumen, einem kunsthistorischen Kleinod aus westgotischer Zeit.

*Bom Jesús do Monte

Berühmt ist die barocke Wallfahrtskirche Bom Jesús do Monte (5 km von Braga entfernt), wo viele Brautpaare den Bund der Ehe schließen. Eine breite **Treppenanlage** (18. Jh.) führt zur Kirche hinauf, die auf einer 564 m hohen Bergterrasse thront. Von oben genießt man einen fantastischen Blick ins Tal und kann durch den hübschen Park, der das Heiligtum umgibt, flanieren. Bequem schwebt man mit der historischen, mit Wasser betriebenen Standseilbahn hinauf – alternativ fährt man mit dem Auto (Vorsicht: sonntags Stau!).

Info

Turismo
Av. da Liberdade 1
Tel. 253 262 550
www.cm-braga.pt

Karte
Seite 52

Hotels

Die schönsten Hotels Bragas liegen auf dem Hügel Jesús do Monte: Do Parque (Tel. 253 603 470) und Do Elevador (Tel. 253 603 400, beide: www.hoteis bomjesus.pt, ●●●); Dona Sofia (Tel. 253 263 160, www.hoteldonasofia. com, ●●).

Barcelos 4

Auf der N 103 sind es 20 km von Braga bis zum Zentrum der Keramik- und Spielwarenindustrie an den Ufern des Rio Cávado. Wer keine Platzangst hat, sollte sich die größte Attraktion von Barcelos nicht entgehen lassen: die gigantische Budenstadt des **Wochenmarkts,** der jeden Donnerstag stattfindet. Er ist der größte Portugals. Im Stadtgarten am Flussufer kann man sich vom Trubel erholen.

Shopping

Im Centro Artesanato (Torre de Menagem, Largo da Porta Nova) kann man schönes Kunsthandwerk erstehen.

Viana do Castelo 5

Die Hafenstadt (20 000 Einw.) an der Mündung des Rio Lima, die die Römer *Pulchra*, die Schöne, nannten, ist ein gepflegter, schön sanierter historischer Ort mit verkehrsberuhigter Altstadt. Der einstige Reichtum aus dem Überseehandel spiegelt sich in den Palästen des 16./17. Jhs., die z.T. mit prächtigen manuelinischen Fassaden geschmückt sind.

Zentrum von Viana do Castelo ist die reizvolle **Praça da República** mit ihren Cafés, einem *Renaissancebrunnen von 1551, dem ehemaligen Rathaus und der *Casa da Misericórdia (1589), einem originellen Bau der Spätrenaissance mit Loggien, die von grotesken Figurenpfeilern gestützt werden.

Imposant ist die granitene **Kathedrale** aus dem 15. Jh. mit ihrem sehenswerten *Figurenportal. Quellenden Dekor dagegen

Echt gut!

Der Hahn von Barcelos

Den berühmten Hahn (port. *o galo*), der zu einem Landessymbol wurde, gibt es in unzähligen Variationen zu kaufen. Sein Urbild ist der Hahn von Barcelos, der einer Legende zufolge schon gebraten auf dem Teller eines Richters lag, aber davonflog und krähte, um die Unschuld eines Santiago-Pilgers, der wegen Diebstahls zum Tode verurteilt wurde, zu bezeugen.

Malheiros-Kapelle und Wallfahrtskirche Santa Luzia im Hintergrund

zeigt die **Kapelle des Malheiros-
Palastes** (18. Jh.).

Die bäuerlich-barocke Kirche
Nossa Senhora da Agonia am
Westrand der Altstadt ist in der
dritten Augustwoche Schauplatz
der populärsten *Romaria* Portugals, einem bunten Volksfest zu
Ehren der heiligen Senhora
d'Agonia, wo die Frauen ihre berühmten Trachten zeigen.

An den modernisierten Kais
des Rio Lima, den eine von Gustave Eiffel erbaute Auto- und Eisenbahnbrücke überspannt, liegt
das ehemalige Versorgungsschiff
Gil Eannes, das für Portugals Ka-
beljau-Fischfangflotte in Neu-
fundland im Einsatz war. Heute
ist es als Museumsschiff zu besichtigen und umfasst sogar eine
Jugendherberge und ein Restaurant.

Weithin sichtbares Wahrzeichen Vianas ist der **Monte Santa
Luzia** (664 m) mit einer nostalgi-
schen Zahnradbahn und einer
imposanten Wallfahrtskirche im
Stil von Sacré-Cœur. Von oben
blickt man über den hübschen
Ort und die südlich gelegenen
Strände.

Ab dem Hafen kann man
Bootsfahrten auf dem Rio Lima
unternehmen. Hier legt auch die
**Fähre zur schönen Praia de Ca-
bedelo** ab.

Turismo – Viana Welcome Center
Rotunde da Liberdade 1
Tel. 258 098 415
www.cm-viana-castelo.pt und
www.vivexperiencia.pt
Broschüre mit Stadtrundwegen
erhältlich.

Hotels

■ **Pousada Hotel Monte
de Santa Luzia**
Monte de Santa Luzia
Tel. 258 800 370][www.pousadas.pt
Gewohnter Pousada-Komfort und
spektakuläre Blicke über den Ort.
Herrliche Gärten und das schöne
Schwimmbad tragen ebenfalls zur
Erholung bei. ●●
■ **Casa dos Costas Barros**
Rua de São Pedro 28
Tel. 258 823 705][Fax 258 824 383
Klein, mit nur zehn Zimmern, aber fein.
Das historische Altstadthaus bietet so-
liden Komfort. ●●

Karte
Seite 52

Restaurants

■ **Taberna do Valentim**
Rua Monsenhor D. de Machado 180
Tel. 258 827 505
Hier kann man köstliche Fischgerichte genießen. So, Fei geschl. ●●

■ **Pastelaria Caravela**
Praca da República 62
Wer nur eine Kleinigkeit essen möchte, ist hier richtig: Im schönen Café in einem renovierten Patrizierhaus serviert man Snacks und Salate. ●

Shopping

In der Altstadt gibt es viele kleine **Fachgeschäfte für Tischwäsche**, die ausgezeichnete Qualität zu erstaunlichen Preisen anbieten.

Ausflüge

An die Costa Verde

Mit Costa Verde bezeichnet man die »Grüne Küste« zwischen Douro- und Minho-Mündung, die man mit dem Pkw gut erkunden kann. Während die Orte südlich von Viana do Castelo wie **Póvoa de Varzim** und **Vila do Conde** touristisch gut erschlossen sind und zum Bummeln einladen, bewegt man sich in nördlicher Richtung abseits des Rummels und kann schöne Atlantikstrände gesäumt von Pinienwäldern entdecken. Das kleine Fischerdorf Vila Praia de Âncora (15 km nördlich von Viana) mit seinem langen, nicht überlaufenen Sandstrand ist das ideale Ziel, um einen Sonnentag zu genießen. Surfer finden die perfekte Brandung zum Ritt auf den Wellen, aber auch Schwimmer kommen auf ihre Kosten. In den Sommermonaten das Badezeug nicht vergessen! Der nördlichste Küstenort ist das hübsche ***Caminha 6**, einst die Grenzfestung an der Minho-Mündung.

Ins Land des Vinho Verde

An der Küste und dann am Minho entlang durch Weinberge und Pinienwälder – oder alternativ über Ponte de Lima ❭ S. 72 – fährt man ins Zentrum des Vinho-Verde-Anbaugebiets. **Valença do Minho** ist auch Grenzübergang nach Spanien. Die von Mauern umschlossene ***Altstadt** ist ein Juwel altportugiesischer Stadtbaukunst und ein Shoppingparadies für spanische Tagestouristen.

Eine bekannte und beliebte Teilstrecke des **Jakobsweges** nach Santiago de Compostela überquert hier die spanische Grenze in die Schwesterstadt **Tui,** wo man einen Blick in die festungsartige Kathedrale werfen kann.

Vinho Verde

Weiß, leicht und spritzig: Der beste Vinho Verde wird in der Region von Monção aus den sehr säurehaltigen Alvarinho-Trauben hergestellt, z.B. *Alvarinho* von Capa Velha. Gekühlt ist der Wein mit seinem geringen Alkoholgehalt besonders im Sommer sehr erfrischend. Verkostung bieten die **kleinen Privatkellereien** z.B. Quinta do Ameal, bei Refóios do Lima, Tel. 258 947 172, www.quintadoameal.com.

Auch **Monção** ist wie alle Orte am Minho ehemalige Grenzbastion. Der jahrhundertelang umkämpfte Ort zieht heute wegen seiner Thermalquellen besonders Kurgäste an. Doch im Mittelpunkt des Interesses steht für die meisten Besucher der Vinho Verde.

Hotels

Wer länger bleiben möchte, nächtigt komfortabel in den Festungen von Vila Nova de Cerveira oder Valença do Minho, die stilvolles Wohnen in einer Pousada (Infos zu beiden Hotels: www.pousadas.pt, jeweils ●●●) anbieten und außerdem mit Angelmöglichkeiten, Jeepausflügen und lokaler Spezialitätenküche locken.

*Ponte de Lima 🞴

Von Viana aus lohnt sich ein Ausflug oder ein Zwischenstopp auf der Fahrt zum Nationalpark Peneda-Gerês. Wahrzeichen des anmutigen Städtchens ist die gotische Flussbrücke auf römischen Fundamenten. Im alten Ortskern säumen schöne Patrizierhäuser (16. Jh.) Gassen und Plätze.

2 **Nationalpark Peneda-Gerês 🞸

Besonders für Naturliebhaber ist der Nationalpark Peneda-Gerês an der Grenze zu Spanien ein Erlebnis. Die unterschiedlichen klimatischen Bedingungen und die Abgeschiedenheit der Region haben die Bildung vieler endemischer Pflanzenarten begünstigt,

die nur hier wachsen. Je nach Landstrich herrschen Nadelwälder oder subtropische Kork- und Steineichenwälder vor. Die gebirgige Grenzregion türmt sich bis über 1500 m auf, oberhalb 1200 m hört der Bewuchs auf und es zeigt sich nackter Fels. In den Schluchten der Flusstäler liegen Stauseen.

Empfehlenswert ist z.B. eine **Wanderung an den See Vilarinho das Furnas,** in dem ein Dorf gleichen Namens versunken liegt. Im **Museum von Campo do Gerês** ist das dörfliche Leben vor der Flutung dokumentiert. Der Westteil ist altes Kulturland mit Mais- und Roggenanbau und auch heute noch bewohnt. Hier finden sich Megalithgräber, römische Meilensteine, romanische Kirchenruinen sowie die für die Region typischen steinernen Wohnhäuser und Getreidespeicher. Fast unbewohnt ist der unzugängliche und extrem niederschlagsreiche Ostteil, Zufluchtsort für seltene Wildtiere wie Königsadler, Uhu, Wolf, Fuchs und sogar Wildpferde.

Der südliche Zugang zum Park liegt beim Thermalbad **Caldas do Gerês,** dem besten Ausgangsort für Wanderungen, der jedoch belebter ist als der Norden des Nationalparks.

Info

PNPG
4700-538 Braga, Av. António Macedo
Tel. 253 203 480][www.geira.pt/pnpg
In den Infozentren der PNPG in Braga, Caldas do Gerês, Arcos de Valdevez, Montalegre und Terras de Bouro sind Routenempfehlungen erhältlich. Die

Wanderwege folgen alten Hirtenpfa-
den. Es empfiehlt sich, eigenes Karten-
und Infomaterial zu besorgen.

Hotels

■ **Pousada São Bento**
Caniçada
Tel. 253 649 150][**Fax 253 647 867**
www.pousadas.pt
Sehr geschmackvolles Interieur, Pool
und Aussichtsterrasse mit Blick auf die
spektakuläre Landschaft. ●●●
■ **Ferienhäuser in Soajo**
www.aldeiasdeportugal.pt
Wer es uriger mag, kann im westlichen
Teil des Nationalparks, im Ort Soajo,
traditionelle Granithäuser mieten. ●●

Peso da Régua 9

Die aufstrebende Provinzkapitale
des Portweins lässt sich im Rahmen der Flusskreuzfahrten auf
dem Douro erkunden. Doch auch
weniger schwere Weine werden in
der Region gekeltert. Ein Muss für
Weinfreunde ist ein Besuch im
Douro-**Museum** (Rua Marquês
de Pombal, tgl. 10–20 Uhr).

Restaurant

Castas e Pratos
Rua José Vasques Osorio
Tel. 254 323 290
www.castasepratos.com
Restaurant mit Weinbar in einem Ei-
senbahn-Lagerhaus. Stylishes Ambiente und leichte kreative Küche. ●●

Lamego 10

Zentrum der alten Bischofsstadt
ist eine mächtige, steingraue **Kathedrale**. Die größte Attraktion

Ein natürlicher Wasserfall in der
Serra do Gerês bietet Erfrischung

Lamegos aber ist die Wallfahrtskirche ****Nossa Senhora dos Remédios** auf einer 600 m hohen
Terrasse, zu der eine Freitreppe
mit 685 Stufen hinaufführt. Die
Gesamtkomposition der *Escada-
ria* mit Terrassen, Kapellen und
Statuen und der schwingenden
*Barockfassade der Kirche wirkt
wie aus einem Guss. Dabei wurde
die Treppenanlage erst im 19. Jh.
nach dem Vorbild von Bom Jesús
bei Braga gebaut.

Während der Hauptwallfahrt
(6.–8. Sept.) **ertrinkt die ganze**
Stadt in einem Blütenmeer.

Info

Turismo
Av. Guedes Visconde de Teixeira
Tel. 254 612 005][**www.cm-lamego.pt**

Hotels

■ **Hotel Spa Aquapura Douro**

Tel. 254 660 600

www.aquapurahotels.com

Das ehemalige Weingut Quinta do Vale Abrão wurde in ein **attraktives Wellnesshotel** umgestaltet. Yogastudio und Panoramasauna mit Blick in die Weinberge. ●●●

Echt gut!

■ **Quinta da Pacheca**

Tel. 254 331 229

www.quintadapacheca.com

Perfekt für Weinliebhaber: 15 gemütliche Zimmer bietet das kleine Landhotel auf dem Weingut. ●●●

■ **Villa Hostilina (TH)**

Tel. 254 612 394

www.villahostilina.com

Hübsches kleines Landhotel mit Garten, Pool und Panoramablick auf Lamego, das nur 1 km entfernt ist. ●●

Restaurants

Kneipen und Restaurants findet man in der Altstadtgasse **Rua da Olaria**. Als Happen zum Wein gibt es lokalen *presunto* (Räucherschinken). Probieren sollte man auch die leckeren Schaumweine aus Lamego: *Raposeira* und *Muganheira.*

Pinhão ⑪

Rund um Pinhão liegen zahlreiche bekannte Weingüter, und zur Zeit der Weinlese im Oktober wird überall gefeiert. Zu jeder Jahreszeit ist es faszinierend zu sehen, wie jeder Zoll der terrassierten Schieferhänge für den Anbau der Reben genutzt wird.

Nur in den wenigsten Weingütern werden die Trauben für kostbare Jahrgangsweine noch wie in alten Zeiten mit bloßen Füßen im Steintrog gemaischt. Fast überall ist die Herstellung längst mechanisiert. Den Winter über ruht der Wein in großen Fässern oder Tanks, bis er im Frühjahr nach Vila Nova de Gaia ❭ Special S. 65 transportiert wird.

Azulejo-Freunde sollten nicht versäumen, einen Blick in den Bahnhof von Pinhão zu werfen – Fliesenkunst vom Feinsten!

Buch-Tipp Paul Grote, **Der Portwein-Erbe,** München 2008. Die passende Reiselektüre: Ein Wein-Krimi, der im Milieu der Portweinbarone spielt und so ganz nebenbei viel über den Anbau des edlen Weins erzählt.

Restaurant

Casa de Casal de Loivos (TH)

Tel./Fax 254 732 149

www.casadecasaldeloivos.com

Portweingut mit herrlicher Aussicht und leckeren regionalen Gerichten. ●●

Weinterrassen im Douro-Tal

*Miranda do Douro 12

Der hübsche Ort (2000 Einw.) inmitten einer grandiosen Landschaft mit geschliffenen Felsbuckeln und altem Kern rund um die Kathedrale lebt heute vom Grenzverkehr. Zuvor gab es jahrhundertelang keinen Kontakt mit dem Nachbarland. Vielmehr besetzte eine Festung, heute Ruine, als Grenzwache den strategischen Punkt über dem Douro-Cañon. Nun verbindet eine riesige Talsperre Spanien und Portugal; sie staut das Flusswasser für ein Kraftwerk, aus dem Portugal ein Viertel seiner elektrischen Energie bezieht. In den Bergen um Miranda haben sich typische Traditionen der Region Trás-os-Montes, z.B. das Dudelsack-Spielen, sowie ein alter Dialekt erhalten, das *Mirandês*, das nun wieder gepflegt wird.

Hotel

Residencial Planalto
Rua 1° de Maio 25][Tel. 273 431 362
Rustikale, familiäre Frühstückspension in zentraler Lage. ●

Bragança 13

Die Kleinstadt Bragança liegt im äußersten Nordosten Portugals. Die ***Burg** mit ihrem gewaltigen Bergfried (Torre de Menagem) wurde von König Sancho I. 1187 errichtet und galt als uneinnehmbar. Im Burghof haben Häuser, Gärten und eine Kirche Platz gefunden.

Einzigartig ist die ***Domus Municipalis,** eine Art Rathaus im romanischen Stil. Der Pelourinho

---

3 Douro-Tal: Weinbauregion und Weltkulturerbe

Die Region am Oberlauf des tief in die Schieferlandschaft Nordportugals eingegrabenen Douro ist die älteste umgrenzte Weinbauregion der Welt. Hier werden seit mehr als 250 Jahren DOC-Weine angebaut. Das Gebiet zwischen Pinhão, Peso de Régua und Vila Real ist von der Lage her identisch mit der DOC-Region Porto, deren Trauben jedoch ausschließlich zu Portweinen ausgebaut werden.

In der DOC-Region Douro fand in den letzten Jahren eine kleine Weinrevolution statt, als eine neue Garde von Winzern Gespür für die Trends der Zeit bewies und mit den heimischen Rebsorten erstklassige Rot- und Weißweine kelterte, die es mit europäischen Spitzengewächsen aufnehmen können. Die steilen Hänge, an denen Trockenmauern die Rebterrassen stützen, sind aber auch ein Landschaftskunstwerk erster Güte, und seit 2001 gehört das Douro-Tal zum Kulturerbe der UNESCO.

Genussvoll ist eine Reise mit dem Flusskreuzfahrtschiff ⟩ S. 54. Wer mit dem Auto unterwegs ist, hat den Vorteil, auf den Quintas der Weinbarone die edlen Tropfen auch zu kosten.

Echt gut!

Die Burg von Bragança

(Gerichtspfeiler) ruht auf einem steinernen Wildschwein. Derbe Plastiken aus keltiberischer Zeit finden sich im Norden häufig. Drei *porcas* besitzt auch das Stadtmuseum. Die Burg ist das Stammschloss der Familie Bragança, die einst Portugal regierte. In der *Altstadt lohnt das Museo Regional (Rua Abílio Beca) den Besuch.

Info

Turismo
Av. Cidade de Zamora
Tel. 273 381 273
www.cm-braganca.pt

Hotel

Pousada São Bartolomeu
Tel. 273 331 493][www.pousadas.pt

Stilvoll wohnen mit herrlichem Blick auf den Burgberg. Ein Schwimmbad, Fahrradtouren oder Ausritte sorgen für Abwechslung. ●●

Restaurant

Solar Bragançano
Praça da Sé
Tel. 273 323 875
Regionale Küche, z.B. Wildgerichte, in einem alten Herrenhaus. Gut sortierter Weinkeller. Mo geschl. ●●

Parque Natural de Montesinho 14

Der Grenzort **Rio de Onor** ist eines der ursprünglicheren Dörfer im Naturpark Montesinho, wo ein eigenständiger iberisch-romanischer Dialekt gesprochen wird. Viele der Dörfer sind allerdings verlassen worden. Ein nettes kleines Dorfmuseum kann man in Palácios besuchen. Der Naturpark mit seinen Eichenwäldern lässt sich auf Wanderwegen erkunden.

*Chaves 15

Aquae Flaviae hieß Chaves im Tal des Rio Tâmega zur Römerzeit nach den bis heute genutzten Thermalquellen. Zentrum der kleinen *Altstadt mit dem schönen *Burggarten ist der Largo de Camões, den historische Fassaden umgeben.

Info

Turismo
Terreiro de Cavalaria
Tel. 276 340 660

Restaurants

Ob Räucherschinken, Knoblauchwürste oder Schweineohren – die **Spezialitäten der transmontanischen Küche** sind deftig. Zu probieren u.a. in der **Adega Faustino**, Travessa do Olival, Tel. 276 322 142, beim Hotel Trajano.

Echt gut!

Hotels

■ **Forte de São Francisco**
Tel. 276 333 700
www.fortesaofrancisco.com
Gelungener Mix aus Alt und Neu – in der Festung aus dem 17. Jh. wohnt man mit allem Komfort. ●●—●●●
■ **Quinta da Mata (AT)**
Estrada de Valpaços, bei Vilar de Nantes (3 km), Tel. 276 340 030
www.quintadamata.net
Auf dem alten Landsitz mit stilvollen Zimmern ist Erholung garantiert. ●●

Vila Real 16

In der Distrikthauptstadt am Rio Corgo lädt eine lebendige Altstadt rund um den hübschen Hauptplatz herum zum Bummeln ein. Die »königliche Stadt« ist Stammsitz vieler Adelsfamilien, deren Wappen an den Stadtpalästen prangen.

Info

Turismo
Av. Carvalho Araújo][Tel. 259 308 100][www.cm-vilareal.pt

Hotel

Casa da Levada (TH)
Tel. 259 322 190
www.casadalevada.com
Bed & Breakfast auf die feine Art: Auf dem alten Gutshof im Grünen kann man sich nach Strich und Faden verwöhnen lassen und sogar einen Kochkurs buchen. ●●

Ausflüge

Zum Weingut Mateus

Ein Abstecher führt auf der N 322 über den Weinort **Sabrosa,** wo der Weltumsegler Magellan das Licht der Welt erblickte, zum Weingut von Mateus, dessen Bild die Flaschen des Exportschlagers Mateus-Rosé ziert. Ein Teil des prächtigen Barockpalastes und seiner Gärten kann besichtigt werden (4 km vor Vila Real, Führungen tgl. 9–13, 14–18 Uhr).

Wandern im Naturpark

Es lohnt sich, den nahe gelegenen **Naturpark der Serra de Alvão wandernd zu erkunden.** Folgende Wanderwege fügen sich gut als Ausflug in einen Reisetag ein:
Drei Dörfer: Rundweg von Linhares nach Águas Santas und Vila Mea (6 km, ca. 2,5 Std.).
Zu den Panóias: Rundweg von Constantim zum Santuário de Panóias, eine prähistorische religiöse Stätte (3 km, ca. 1,5 Std.).
Zur Fojo do Lobo: Rundweg von Samarda aus. Die sogenannte Wolfsfalle war eine hohe Steinmauer, die den Viehherden Schutz vor Wölfen bieten sollte (6 km; ca. 2 Std.).

Info

Parque Natural do Alvão
5000-528 Vila Real
Largo dos Freitas
Tel. 259 302 830][www.icnb.pt

Zentralportugal

Nicht verpassen!

- Sich in Coimbra an der Praça da República in einem der Cafés unter die Studenten mischen
- Den Ausblick vom Torre, dem höchsten Berg Portugals, genießen
- Durch das gotische Portal ins kühle Kirchenschiff von Batalha schreiten
- Die Fischerfrauen von Nazaré mit ihren sieben Unterröcken fotografieren
- Ginja, den Sauerkirschlikör von Óbidos, aus dem Schokoladenbecher trinken

Zur Orientierung

Keine Frage, das kulturelle Herzland Portugals liegt in Zentralportugal. Coimbra, die alte, liebenswerte Universitätsstadt am Rio Mondego, und ganz in der Nähe die Ruinen des römischen Conímbriga gehören zu den Höhepunkten der Region. Einen Abstecher in die von Kanälen durchzogene Altstadt von Aveiro sollte man ebenfalls nicht versäumen. Einen Besuch wert ist auch Viseu, die Hauptstadt des Dão-Weinbaugebiets, wo der portugiesische Renaissancemaler Grão Vasco wirkte.

Zu den ausgesprochenen Kulturschätzen des Landes aber zählen neben der Christusritterburg von Tomar die Klosteranlagen von Batalha und Alcobaça, allesamt Perlen der Architektur, die von der UNESCO zum Weltkulturerbe erkoren wurden und auch verwöhnte Reisende begeistern werden.

Nicht weit davon schlägt das religiöse Herz des Landes: Fátima, die meistbesuchte Pilgerstätte der Iberischen Halbinsel, die Katholiken aus aller Welt anzieht und neuerdings neben Gläubigen auch Liebhaber moderner Architektur: 2007 wurde hier nämlich der größte Kirchenbau des 21. Jhs. eingeweiht.

Óbidos, ein malerisches Städtchen wie aus dem Bilderbuch, liegt innerhalb einer Burganlage

Zum Pflichtprogramm gehört auch ein Bummel durch das romantische, burgenbekrönte Städtchen Óbidos, das Königin Isabel 1282 als Hochzeitsgeschenk von Dom Dinis I. erhielt.

Neben den Zielen einer klassischen Kulturreise bietet Zentralportugal aber auch Meer und Berge – abwechslungsreiche Landschaften auf kleinem Raum. Eindrucksvolle Landschaftserlebnisse verspricht der Höhenzug Serra da Estrela mit der höchsten Erhebung Portugals, dem 1993 m hohen Torre. Aber auch die Hügel des Märchenwaldes von Buçaco, den Karmelitermönche im 17. Jh. mit exotischen Pflanzen aus den damaligen Kolonien Portugals anlegten, sind lohnende Aussichtspunkte mit Blick auf die Serra da Estrela, das Mondego-Tal und den Atlantik.

Unbeschwerte Ferienlaune vermitteln die Badeorte Nazaré und Peniche. Wer Zeit hat, kann einen Ausflug mit dem Boot zu den vorgelagerten, wild zerklüfteten Berlenga-Inseln unternehmen. Zwischen schroffen Klippen nisten Vögel, aber so manche Bucht ist auch Schwimmern vorbehalten.

Auf den Spuren der Tempelritter wandelt man schließlich in Tomar. Hoch über dem hübschen Städtchen thront die stolze Christusritterburg mit beeindruckender Entdecker- und Seefahrerornamentik in Stein.

Touren in der Region

Steinerne Zeugen portugiesischer Geschichte

—⑦— **Óbidos › Santarém (ca. 30 Min.) › Almourol (45 Min.) › Tomar (30 Min.) › Fátima (30 Min.) › Batalha (30 Min.) › Alcobaça (30 Min.) › Nazaré (15 Min.) › Óbidos (40 Min.)**

Dauer: 2 Tage; Gesamtfahrzeit: ca. 4 Std.
Praktische Hinweise: Die Tour lässt sich mit dem Pkw sowie mit öffentlichen Bussen durchführen. Almourol allerdings erreicht man nur mit dem Auto. Achtung: An den Gedenktagen für das Wunder von Fátima (jeweils am 13. der Monate Mai bis Oktober) kommt es in der Umgebung zu Verkehrsstaus.

Nach dem Bummel durch die malerische Altstadt von **∗∗Óbidos › S. 100** geht es weiter nach **Santarém › S. 104** und am Tejo entlang nach **Almourol,** das auf einer Felsinsel liegt. Eindrucksvoll ragen hier die Türme der Templerburg auf. In **∗Tomar › S. 101** wandelt man weiter auf den Spuren des Tempelritterordens, der in Portugal als Orden der Christusritter weiterlebte. Der großartige **∗∗∗Konvent der Christusritter** thront hoch über der Stadt. Danach erreicht man Portugals bedeutendsten Pilgerort **Fátima**

Zentralportugal

0   20 km

N

Praia da S. Jacinto
Praia da Barra
Costa Nova

Praia de Mira
Mira

ATLANTISCHER

OZEAN

Figueira da Foz   **3**

A17

Praia da Vieira

Marinha Grande   IC 2
São Pedro de Muel   **16** Leiria
17
Batalha   ⑦
20 Porto de Mós
Nazaré   A8
Aljubarrota   Mira de Aire
São Martinho do Porto   **19** Alcobaça
21
IC 2
Caldas da Rainha
Cabo Carvoeiro Baleal   **23** **22**
Peniche   Óbidos
24   ⑦   Rio Maior
A8   A15
N366   N114
IC 1
Lourinhã
Estremadura
30   A1
Lissabon   Vila Franca de Xira

—⑦—
Steinerne Zeugen portugiesischer Geschichte
Óbidos › Santarém › Almourol › Tomar › Fátima › Batalha › Alcobaça › Nazaré › Óbidos

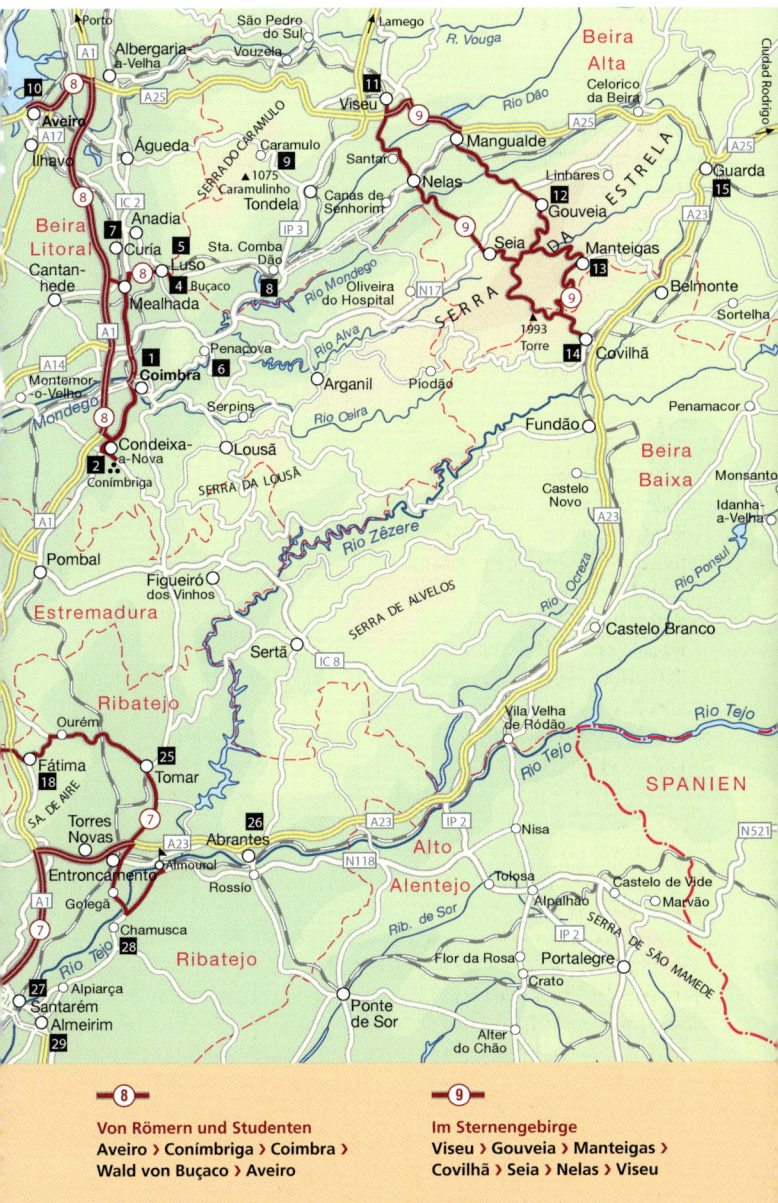

Karte Seite 80

8
Von Römern und Studenten
Aveiro › Conímbriga › Coimbra ›
Wald von Buçaco › Aveiro

9
Im Sternengebirge
Viseu › Gouveia › Manteigas ›
Covilhã › Seia › Nelas › Viseu

> S. 97, auch heute noch Ziel unzähliger Wallfahrer. Die grandiose Klosterkirche von ***Batalha > S. 96 will anschließend bestaunt werden. In ***Alcobaça > S. 98 kann man die Nacht verbringen, um am nächsten Tag mit frischer Kraft die Besichtigung der größten Klosterkirche des Landes mit den eindrucksvollen Gräbern von Pedro I. und seiner geliebten Inês in Angriff zu nehmen. Dann geht es ans Meer, wo die lebhafte Küstenstadt *Nazaré > S. 99 zum Bummeln und Baden einlädt. Ein Abstecher führt zum Kurort Caldas da Rainha > S. 100, bevor die nächste Badepause lockt. Auch Peniche > S. 100 mit den vorgelagerten Berlenga-Inseln gehört zu den beliebtesten Badeorten Zentralportugals. Nach einer ausgedehnten Pause geht es zurück nach Óbidos.

Von Römern und Studenten

—⑧— **Aveiro** > **Conímbriga** (1 Std.) > **Coimbra** (20 Min.) > **Wald von Buçaco** (30 Min.) > **Aveiro** (1,5 Std.)

Dauer: 1 Tag; Gesamtfahrzeit: ca. 3,5 Std.
Praktische Hinweise: Fährt man mit öffentlichen Verkehrsmitteln, sind Conímbriga und Buçaco Abstecher von Coimbra.

Von **Aveiro** > S. 92 mit seiner faszinierenden, von Kanälen durchzogenen Altstadt fährt man nach **Conímbriga** > S. 89, wo man

prächtige Mosaiken in den einstigen Villen reicher Römer bewundern kann. Die nächste Station ist die Universitätsstadt **Coimbra > S. 83, im Mittelalter Residenz der Könige. Nach der Erkundung der Universität kann man sich in den netten Cafés unter die Studenten mischen. Im **Wald von Buçaco > S. 90 taucht man schließlich in die Natur ein – dort wachsen Pflanzen aus den ehemaligen Kolonien Portugals, die Mönche früher hier heimisch machten.

Im Sternengebirge

—⑨— **Viseu** > **Gouveia** (45 Min.) > **Manteigas** (45 Min.) > **Covilhã** (30 Min.) > **Seia** (45 Min.) > **Nelas** (15 Min.) > **Viseu** (30 Min.)

Dauer: 1 Tag; Gesamtfahrzeit: ca. 3,5 Std.
Praktische Hinweise: Diese Tour ist nur mit dem Auto durchführbar. Wählt man den Rückweg über Guarda, kann man die Autobahn im Tal benutzen.

Auf dieser Tour erkundet man von *Viseu > S. 93 aus den größten Naturpark Portugals **Serra da Estrela > S. 94. Von **Gouveia** > S. 94 klettert die Straße in das Granitmassiv hinauf, in das kleine Dörfer wie **Manteigas** und stille Bergseen eingebettet sind. In **Covilhã** und **Sabugueiro** > S. 95 kann man sich mit traditionellen Erzeugnissen wie Honig und Käse eindecken. Weiter führt die Straße zum 1993 m hohen **Torre,** dem höchsten Berg und einzigen Skigebiet Portugals > S. 95. Den Park erkundet man am besten im Zuge einer Wanderung, z.B. zum **Poço do Inferno.** Über eine Passstraße mit Ausblick auf schroffe Felsformationen geht es hinunter ins Tal von **Seia.** Dann kehrt man nach **Viseu** zurück. Alternativ kann man den Rückweg nördlich von Covilhã mit einem Besuch von **Guarda** > S. 95, der höchstgelegenen Stadt der Iberischen Halbinsel (1065 m) am Nordrand der Serra, verbinden.

Unterwegs in Zentralportugal

4 **Coimbra** 1

Die alte Universitätsstadt Coimbra, »Portugals Heidelberg«, liegt am Steilufer eines Flusses, des Rio Mondego, und studentisches Flair prägt bis heute die Gassen der Altstadt. Kein Wunder – von insgesamt 101 000 Einwohnern sind rund 20 000 Studenten. Die Universität, bis 1910 die einzige Hochschule Portugals, öffnete ihre Pforten bereits im 12. Jh. und zählt damit zu den ältesten Universitäten Europas. Zu ihren bekanntesten Schülern gehörten der hl. Antonius von Padua, Portugals Nationaldichter Luís de Camões sowie der spätere Diktator Salazar.

Noch immer tragen die Studenten **zu besonderen Anlässen die typische Studententracht** mit der *capa,* dem schwarzen Schulterumhang. Bunte Bänder an den Capas, die *fitas,* zeigen durch ihre Zahl und Farbe die Studienjahre und Fakultät an, z.B. Rot für Juristen, Dunkelblau für Geisteswissenschaften.

Echt gut!

Geschichte

Der Name Coimbra leitet sich vom römischen Conímbriga > S. 89 ab. Die römische Vorgängerstadt lag jedoch 16 km entfernt bei Condeixa. Sie wurde nach der Zerstörung durch Sueben und Vandalen im 6. Jh. verlassen, als ihre Einwohner auf den burggeschützten Hügel von Aeminium am Mondego umzogen, den Bischofssitz verlegten und den Namen ihrer Stadt auf die Flusssiedlung übertrugen.

Seit dem 8. Jh. von Mauren und Christen umkämpft, war Coimbra bis zum 11. Jh. eine bedeutende Handelsstadt an der Grenze des iberischen Maurenreichs, bewohnt von Christen (Mozarabern), Mauren und Juden. 1064 wurde die Stadt von den Christen endgültig zurückerobert, ab 1139 war sie die erste Residenzstadt des jungen Königreichs Portugal, das sich damals südlich nur bis zum Tejo erstreckte.

Schon im Mittelalter entwickelte sich Coimbra zur renommierten Stätte der Wissenschaft, deren freie Entfaltung freilich von der Mitte des 16. Jhs. bis zur Mitte des 18. Jhs. durch den Einfluss der Jesuiten behindert wurde. In der Salazar-Zeit war die Universität ab den 1960er-Jahren Schauplatz studentischer Unruhen, die der Nelkenrevolution von 1974 vorausgingen.

In die Altstadt

Der **Largo da Portagem** Ⓐ, eine ehemalige Mautstelle an der Santa-Clara-Brücke, ist ein guter Ausgangspunkt für einen Rundgang (Parkplätze auf der gegenüberliegenden Flussseite). Am Largo beginnt die Geschäftsstraße **Rua Ferreira Borges,** die als Fußgängerzone Ober- und Unterstadt trennt.

Das ehemalige Haupttor der mittelalterlichen Stadtmauer **Arco de Almedina** Ⓑ trägt noch den arabischen Namen. Eine steile Treppengasse mit dem vielsagenden Namen *Quebra Costas* (»Rückenbrecher«) führt von hier in die enge, verwinkelte Altstadt hinauf. Bei einem Abstecher nach links kommt man in der Rua de Sub-Ripas zum **Palácio de Sub-Ripas** Ⓒ mit manuelinischem Baudekor an der ehemaligen Stadtmauer und zu einem mittelalterlichen Turm, der **Torre do Antão,** heute Sitz des Kunsthandwerkszentrums.

*Sé Velha Ⓓ

Der zinnenbekrönte Bau der **Alten Kathedrale** ähnelt mehr einer Festung als einer Kirche. Diese eindrucksvollste unter den portugiesischen Bischofskirchen der Romanik (12. Jh.) ist eine

Echt gut!

Coimbra
0   200m

Ⓐ Largo da Portagem	Ⓔ Alte Universität	Ⓘ Praça do Comércio
Ⓑ Arco de Almedina	Ⓕ Sé Nova	Ⓙ Praça da República
Ⓒ Palácio de Sub-Ripas	Ⓖ Mosteiro de Santa Cruz	Ⓚ Parque de Santa Cruz
Ⓓ Sé Velha	Ⓗ Rua da Sofia	Ⓛ Jardim Botânico

Stiftung des ersten Königs Afonso Henriques. Der massige Kubus wird allein durch das Rundbogenportal und die Fensternische gegliedert sowie durch einen verwitterten seitlichen Portalvorbau der Renaissance. Der düstere dreischiffige Innenraum wird aufgehellt durch die lichte Kuppel über der Vierung. Der Chor mit interessanten romanischen *Kapitellen enthält ein ausgezeichnetes flämisches *Altarretabel von 1508 (Mariä Himmelfahrt) sowie eine *Grabkapelle der Renaissance für den Bischof Almeida von Jean de Rouen (linke Nebenapsis). Eine Seltenheit ist die *Azulejo-Verkleidung der Innenwände aus dem 15. Jh. in maurischer Tradition. An der Südseite liegt der stille gotische **Kreuzgang** aus dem 14. Jh. (Besichtigung des Kircheninneren: Mo–Fr 10–13, 14–18, Sa 10 bis 17 Uhr).

Im Viertel der *Alten Universität ❺

Hinter der Kathedrale führen Stufen hinauf zur Alten Universität, die man durch das Doppeltor der Porta Férrea von 1634 betritt (Mo–Fr 9–17, Sa, So, Fei 10 bis 16 Uhr, Tickets in der neuen Bibliothek vor der Porta Férrea).

Der Innenhof mit einer Statue Joãos III., der den königlichen Palast im 16. Jh. der Universität zur Verfügung stellte, ist auf drei Seiten umbaut, die vierte Seite präsentiert sich als *Aussichtsterrasse mit schönem Blick auf den Fluss. Durch den Säulengang der

Festlich: die Bibliothek der Alten Universität in Coimbra

Via Latina schreiten die Studenten in die prunkvolle Sala dos Capelos zur Examensfeier. Der barocke Uhrturm hat eine spöttisch *Cabra* (Ziege) genannte Glocke.

Neben dem manuelinischen Portal der Universitätskirche liegt das Säulenportal der alten **Bibliothek** (1716–1728), einer Stiftung Joãos V., des Erbauers von Mafra ❯ S. 129. Der schönste Barockraum Portugals leuchtet in Rot, Blau und Gold. Lackmalerei mit zartester Ornamentik überzieht Spitzpfeiler und Balustraden. Riesige illusionistische Deckenbilder bilden einen farbigen Himmel über reich dekorierten Gesimsen. Die Lesetische aus edelsten Brasilhölzern zieren Intarsien. In den saalhohen Regalen stehen 30 000 Bände, darunter 2000 Handschriften (tgl. 9 bis

Echt gut!

19.30 Uhr, zum Einlass Türklingel betätigen).

Über die Rua São Pedro geht es weiter zum Hang gegenüber. Dort erhebt sich die *Sé Nova , die um das Jahr 1600 als Kirche des Jesuitenkollegs errichtet und später zur Neuen Kathedrale geweiht wurde.

*Mosteiro de Santa Cruz

Von der Sé Nova aus verzweigen sich die Gassen hinunter zum Mosteiro de Santa Cruz. Das Augustinerkloster, Stiftung und Grabstätte des ersten Königs von Portugal, Afonso Henriques, bedeckte einst ein viel größeres Areal und war in seinen Anfangszeiten kulturelles Zentrum des Landes und Sitz der Universität. Ab 1502 wurde das verfallende romanische Kloster im Auftrag Manuels I. von den besten Meistern der Manuelinik (Boytac, Chanterène und den Brüdern Castilho) erneuert. Aus dieser Zeit stammt die skulptierte *Portalfassade der Kirche (Eingangsbogen, 18. Jh.).

Der Innenraum besitzt spätgotische *Netzgewölbe und weiß-blaue Azulejo-Wände (18. Jh.). Im Chor stehen sich die prächtigen **Wandgräber der ersten Könige Portugals, Afonso Henriques und seines Sohnes Sancho, gegenüber, fein ziselierte, 12 m hohe Aufbauten, die der Meister aller manuelinischen Bildhauer, Nicolas de Chanterène, in zehnjähriger Arbeit schuf, ebenso wie die *Kanzel mit reinen Renais-

sanceformen. Eine Rarität ist das manuelinische *Chorgestühl, denn der größte Teil der Kircheneinrichtungen wurde von napoleonischen Soldaten zerstört. Über Sakristei (Azulejos 18. Jh., *portugiesische Gemälde 16. Jh.) und Kapitelsaal (Azulejos 17. Jh.) geht es zum *Claustro do Silêncio. Wie Taue sind die Streben der Maßwerkbögen verwunden. Besichtigung Innenraum: Mo–Fr 8–18.30, Sa 8–12.30, 14–19.30, So 8.30–12.30, 16–19.30 Uhr, Kreuzgang eintrittspflichtig).

Vom Jardim da Manga steht hinter der Kirche noch die originelle *Brunnenanlage (1533) an der Rua Nicolau Rui Fernandes neben der Markthalle. Brückenbögen verbinden den Kuppelpavillon im Wasserbecken mit vier Rundtürmen, in die sich die Mönche zur Kontemplation zurückzogen. Symbolisiert wird hier der Lebensbrunnen mit den vier Paradiesflüssen.

Gegenüber markiert der barocke **Judenbrunnen** (Fonte dos Júdeus) den Eingang zum ehemaligen Judenviertel. Nach dem 16. Jh. lebten viele zwangsgetaufte Juden (Marranen) in Coimbra, die das akademische Leben wesentlich mitprägten. Opfer der Inquisition wurden Marranen noch im 18. Jh., wie der Dramatiker A. José da Silva, den man »O Júdeu« nannte.

Jenseits der Praça 8 de Maio beginnt die denkmalgeschützte **Rua da Sofia** , deren Häuser und Kirchen ein Ensemble des 16. Jhs. bilden.

Echt gut!

Entlang der alten Stadtmauer

Unterhalb der Achse Rua Visconde da Luz/Ferreira Borges liegt die **Praça do Comércio** ❶. Zu Zeiten der Inquisition fanden dort Ketzerverbrennungen statt. Heute geben Cafés und Blumenstände vor der romanischen Kirche São Tiago (1064) und hübsche Fassaden des 17./18. Jhs. dem **stillen Zentrum der Unterstadt seine besondere Atmosphäre.**

In etwa dem Verlauf der alten Stadtmauer folgt der Weg von Santa Cruz am Markt vorbei durch die gepflegten Grünanlagen der Avenida Sá da Bandeira zur **Praça da República** ❿ mit ihren Jugendstilfassaden und beliebten Studentencafés wie der Cartola Esplanada.

Ein schöner Ort zum Ausruhen ist der ***Parque de Santa Cruz** ⓚ, der zum gleichnamigen Kloster gehörte. Die aus dem 18. Jh. stammenden Wege mit gefliesten Bänken und Brunnen waren früher den meditierenden Mönchen vorbehalten.

Nach Süden führt die Rua Alexandre Herculano zum parkähnlichen ***Jardim Botânico** ⓛ. Der am Hang gelegene Botanische Garten ist der älteste Portugals (1772). Der für Besucher zugängliche Teil des Gartens ist eine üppige grüne Oase mit Brunnen und wunderschönen alten Gewächshäusern, mit kosmopolitischer Pflanzenkollektion und 40 Eukalyptusarten. Hier wurde die gute Eignung des tasmanischen *Eucalyptus globulus* für einheimische

Spätbarocke Gartenkunst: Parque de Santa Cruz

Böden festgestellt, der sich landesweit als forstwirtschaftlicher Nutzbaum Nummer eins durchgesetzt hat – allerdings nicht ohne Schattenseiten ❯ S. 36.

Jenseits des Mondego

Westlich der Santa-Clara-Brücke biegt links die Rua de Baixo zu der halb im Ufersand versunkenen Ruine des gotischen Klosters von **Santa Clara-a-Velha** (14. Jh.) ab, das den Überschwemmungen des Mondego zum Opfer fiel. Als die alte Kirche nicht mehr zu retten war, bauten sich die Klarissinnen im 17. Jh. ein neues Kloster an geschützter Stelle, **Santa Clara-a-Nova.** Hierfür wurde ein Platz hoch über dem Fluss gewählt, von dem aus sich heute **ein schönes *Stadtpanorama** eröffnet. Von besonderem Interesse ist das Grab der hl. Isabel, das die bekrönte Königin in Klarissinnenkutte zeigt. Sie ist als Friedensstifterin in die portugiesische Geschichte eingegangen und wurde im 17. Jh. heiliggesprochen.

Santa-Clara-Brücke und Altstadt

Viele Krankenhäuser und Kinder-
heime sollen auf ihre Initiative
zurückgehen.

Über die Rua António Augusto
Gonçalvez kann man zur **Quinta
das Lágrimas** (s.u.), dem Haus
der Tränen, spazieren. Dort soll
die unglückliche Inês de Castro
› S. 98 mit ihren Kindern gelebt
haben und von den Häschern des
Königs ermordet worden sein.
Besuchern zugänglich ist der
*Park mit dem Liebesbrunnen
(Fonte dos Amores).

Schön ist ein Spaziergang von
der Quinta über die neue **Fuß-
gängerbrücke Pedro e Inês** durch
den Botanischen Garten **Parque
Verde do Mondego** an der Uferpromenade zum Pavilhão Centro
de Portugal. Dieser gehörte zum
portugiesischen Pavillon auf der
EXPO 2000 in Hannover und
wurde vom berühmtesten zeitgenössischen Architekten Portugals,
Álvaro Siza Vieira, mit einheimischen Materialien wie Kork erbaut. Von der Promenade aus
blickt man auch auf die futuris-
tisch anmutende Brücke **Santa
Reinha Isabel,** die sich asymme-
trisch über den Fluss spannt.

Info

Posto de Turismo
Largo da Portagem][Tel. 239 488 120
www.cm-coimbra.pt
Filialen am Largo Dom Dinis und an
der Praça da República.

Hotels

■ **Quinta das Lágrimas**
Rua António Augusto Gonçalves
Tel. 239 802 380
www.quintadaslagrimas.pt
Zu einem luxuriösen Hotel umgestalte-
ter Herrensitz mit Golf-Trainingsanlage,
Wellnessbereich und mediterraner
Parkanlage. Das hauseigene Restau-
rant Arcadas verwöhnt den Gaumen
mit exquisitem, saisonal orientiertem
Speiseangebot. ●●●

■ **Tivoli Coimbra**
Rua João Machado 4
Tel. 239 858 300
www.tivolihotels.com
Gut geführtes Stadthotel in zentraler
Lage mit viel Komfort. Ein Plus für
Autofahrer sind die angegliederten
Parkplätze. ●●●

■ **Pousada Santa Cristina**
Condeixa-a-Nova][Tel. 239 944 025
www.pousadas.pt
Wer ländliche Ruhe schätzt, ist hier –
unweit der Ruinen von Conímbriga in
einem Palast des 16. Jhs. – bestens
aufgehoben. Entspannung tankt man
im großzügigen Garten mit Pool. ●●●

■ **Astória**
Av. Emídio Navarro 21
Tel. 239 853 020
www.almeidahotels.com

Restauriertes Art-déco-Hotel mit viel Flair in zentraler Lage am Ufer des Mondego. ●●

■ **Residencial Antunes**
Rua Castro Matoso 8
Tel. 239 854 720
www.residencialantunes.com
Angenehme Pension in Universitätsnähe. Zentrale und dennoch ruhige Lage. ●

Restaurants

■ Preiswerte Restaurants findet man im Bereich Praça do Comércio und Praça 8 de Maio, z.B. **Zé Manuel**, **Beco do Forno 10, Tel. 239 823 790**, oder **Adega Paço do Conde**, **Rua Paço do Conde 1**, mit Gerichten vom Holzkohlengrill, serviert in alten Gewölben. Gut essen und gemütlich sitzen kann man auch in den Restaurants und Bars im **Parque Verde do Mondego** am Ufer.

■ In der **Rua Ferreira Borges** liegen beliebte Cafés wie das **Nicola** (Nr. 35), wo man ausgezeichnete *arrufadas*, eine lokale Backspezialität, kosten kann, bei der **Alten Kathedrale** lockt das Studentencafé **Sé Velha.**

Echt gut! ■ **Schönstes Café von Coimbra** und zugleich eines der stimmungsvollsten ganz Portugals ist das **Café Santa Cruz**, **Praça do 8 de Maio** (neben der gleichnamigen Kirche), wo süße Leckereien und kleine Gerichte unter einem gotischen Gewölbe serviert werden.

Am Abend

In der Stadt sollte man es sich nicht entgehen lassen, den **Fado von Coimbra** ❯ Special S. 122 kennenzulernen, z.B. in den Lokalen **Diligência**, **Rua Nova 30, Tel. 239 827 667**, und **O Trovador**, **Largo de Sé Velha 1, Tel. 239 825 475.**

■ **Á Capella**
Rua Corpo de Deus
Tel. 239 833 985
www.acapella.com.pt
In der säkularisierten kleinen Kirche, die von engagierten Studenten restauriert und zur Bar umgebaut wurde, genießt man **besonders stimmungsvolle Fado-Abende.** **Echt gut!**

■ **Queima das Fitas:** Der Examensabschluss wird im Mai eine Woche lang bei den Studentenfesten gefeiert.

Ausflug nach **Conímbriga**

16 km von Coimbra entfernt liegt die wichtigste antike Ausgrabungsstätte in Portugal. Auf dem Pflaster der römischen Legionsstraße, die Felicitas Julia (Lissabon) mit Bracara Augusta (Braga) verband, betritt auch der Besucher des 21. Jhs. das antike Conímbriga (Tel. 239 949 110, Juni–Sept. 9–20 Uhr, Okt.–Mai 10–18 Uhr).

Den komfortablen Standard der römischen Siedlung demonstrieren prächtige **Mosaikfußböden**, private Badeanlagen mit geheizten Pools, Fußbodenheizung und ein rekonstruierter Gartenhof mit Wasserspielen. Den verzweifelten Kampf gegen die germanischen Invasoren der Völkerwanderungszeit spiegelt der Verteidigungswall wider, der aus Bruchstücken schon zerstörter Gebäude errichtet wurde. Im 6. Jh. wurde der Bischofssitz in das heutige Coimbra verlegt und die Stadt von den Bewohnern endgültig verlassen. Sehenswert ist auch das Museum (mit Restaurant) im Ausgrabungsgelände.

Ausflug nach Figueira da Foz 3

Eine Abwechslung zum Pflastertreten bietet der Ausflug an die Mündung des Mondego. Bis zu **1 km breit und mehrere Kilometer lang ist der Sandstreifen** nördlich des Traditionsbadeorts Figueira da Foz – so findet trotz großen Andrangs in den Sommermonaten jeder ein Plätzchen. Adrette Badezelte schützen vor Sonne und Wind. Die Fahrt dauert – per Bahn oder Expressbus – ca. 2 Std. (130 km) von Coimbra.

Echt gut!

Das Palace Hotel im Buçaco-Wald

**Buçacos Zauberwald 4

Seit frühester Zeit war der Wald ein Ort der Einsiedler. Im 17. Jh. wurde ein Karmeliterkloster gebaut und die *Tapada do Buçaco* mit einer Mauer umgeben. Ein päpstliches Edikt bestimmte, dass bei Strafe der Exkommunikation weder eine Frau den heiligen Bezirk betreten noch ein einziger Baum darin gefällt werden dürfe.

Dank des feuchtwarmen Klimas kaprizierten sich die Mönche auf die Pflanzung exotischer Gewächse aus den Kolonien. Die Riesenschirme der Goa-Zedern stammen aus dem 17. Jh. Ausgerechnet dieser abgeschiedene Ort wurde 1810 zum Schauplatz einer Entscheidungsschlacht zwischen dem napoleonischen Heer und den von englischen Truppen unterstützten Portugiesen. Seit der Vertreibung der Mönche 1834 bereicherte die staatliche Forstverwaltung den Waldgarten um Arten aus aller Welt, heute 400 einheimische und 300 exotische.

Eine barocke **Via Sacra,** ein Kreuzweg mit Kapellen, führt zum höchsten Punkt des Waldes Cruz Alta, von wo aus man einen traumhaften Blick genießt. Der 480 ha große Waldpark liegt am Westhang der Buçaco-Berge bei Luso und bildet heute die Kulisse für das *Palace Hotel (s.u.). Der Palast, seit 1884 als königliches Jagdschloss von einem Bühnenarchitekten errichtet, war beim Sturz der Monarchie 1910 kaum fertig und wurde vom ehemaligen Hofkoch in eines der feudalsten Hotels des Landes umgewandelt.

Das Hotel produziert zudem einen Wein von legendärer Qualität. Bei **Mealhada** und **Anadia** liegt das Zentrum des Bairrada-Weingebiets. Aus der Baga-Traube werden gute, tanninreiche Rotweine gekeltert.

Hotels

■ **Palace Hotel**
Tel. 231 937 970
www.almeidahotels.com
Bombastische neomanuelinische Architekturfantasie, wie für eine Wagneroper entworfen. Das 5-Sterne-Hotel liegt 2 km von Luso entfernt. ●●●

■ **Vila Duparchy**
Tel. 231 930 790][Fax 231 930 307
Preiswerter, aber ebenfalls standesgemäß logiert man in dem Herrenhaus am Rand des Waldes mit Blick auf Luso, 6 km von Mealhada. Mit Pool. ●●

■ **Quinta do Carvalinho**
Mealhada][Tel./Fax 231 289 343
Sehr familiäre Unterkunft mit nur acht Zimmern auf einem Weingut. Mit einem kleinen Pool. ●●

Luso 5

Hinter Mealhada erreicht man den im Tal gelegenen hübschen Thermalkurort Luso. Hier kann man das bekannteste Mineralwasser Portugals an der Quelle zapfen. »Gutes« Wasser hat einen hohen Stellenwert. Viele Portugiesen holen bevorzugt an Straßenbrunnen Quellwasser, dem man eine bestimmte heilende Wirkung zuschreibt.

Ausflug nach Penacova 6

So schön wie im berühmten Wald von Buçaco kann man auch weiter südlich bei dem über dem Rio Mondego gelegenen Städtchen Penacova wandern. Die **22 km lange Strecke bis Coimbra kann man sogar mit einem Kajak zurücklegen** (Infos: Miradouro do Terreiro; Pioneiro do Mondego, Coimbra, www.opioneirodomondego.com).

*Curía 7

Curía, seit Römerzeiten ein Ort mit Quellheilwasser, hat sich in einen modernen Ferienort mit einem schattigen Park verwandelt, der mit Wellnessprogrammen und Thermalkuren aufwartet.

Hotel

Curia Palace Hotel
3780-541 Anadia
Tel. 231 510 300
www.almeidahotels.com
Das nostalgische Hotel von 1920 wurde 2008 renoviert und lockt mit schickem Spa und nahem Golfplatz. Vier Etagen mit 100 Gästezimmern. ●●●

Ins Herz des Dão-Tals

Auf der IP 3 erreicht man **Santa Comba Dão 8**, Zentrum des bekannten Weinbaugebiets im Dão-Tal, wo auch der ehemalige Diktator Salazar, der von hier stammte,

Als echte Lagunenstadt präsentiert sich die Altstadt von Aveiro

Aveiro ⑩

Mit 70 000 Einwohnern ist die Distrikthauptstadt am 6000 ha großen Haff Ria de Aveiro keine reine Idylle mehr. Unverändert malerisch präsentiert sich jedoch die **von Kanälen durchzogene Altstadt** mit ihrer Schauseite an der Wasserfront rund um den **Canal Central.** So entsteht ein außergewöhnliches Stadterlebnis, ähnlich wie in Amsterdam oder Venedig.

Echt gut!

Noch wird in den Salinen Salz gewonnen und einige Tangfischer fahren mit ihren flachen, buntschnabeligen Booten in die Lagune. Sie harken Algen, *moliços,* aus dem Brackwasser, die als Dünger verkauft werden. Der Dreck, der manchmal zum Himmel stinkt, kommt nicht aus Kanälen, sondern aus den Abwässern von Zellulosefabriken. Bevor 1575 ein Unwetter Sandmassen verlagerte und so Aveiro vom Meer abschnitt, lebte man von Kabeljaufang und Handelsschifffahrt. Der Niedergang der Stadt wurde 1808 mit einer Fahrrinne zur offenen See gestoppt.

Die wenigen Sehenswürdigkeiten liegen eng beieinander: die **Kathedrale** mit dem steinernen Wegekreuz São Domingos und die Kirche des **Convento de Jesús** mit prächtiger *Talha*-Ausstattung, heute Teil des interessanten *Museu de Aveiro.

begraben liegt. Zwischen Wald und Wein fährt man am Mondego entlang und kann einen Abstecher in die einsame, mit Heidekraut und Mimosen bewachsene *Serra do Caramulo machen. Von den höchsten Gipfeln, Caramulinho und Cabeço da Neve, hat man den großartigsten *Weitblick aus über 1000 m Höhe. Zum **Caramulinho** gelangt man über die Avenida A. de Lacerda, die in die N 230-3 übergeht. Nach 3 km beginnt der Fußweg zum Gipfel (30 Min.).

Caramulo ⑨, ein Lungenkurort, ist heute Pilgerstätte für Oldtimerfans, denn im **Museu do Automóvel** gibt es für sie manche Rarität auf vier Rädern zu bewundern (Di–So 10–13, 14–18 Uhr).

Info

Turismo
Rua João Mendonça 8
3800-200 Aveiro][Tel. 234 420 760

Im Sommer gibt es vor dem Tourismusbüro einen Fahrradverleih.

Ausflüge

Nach Ilhavo

5 km hinter Aveiro lohnt sich ein Abstecher über die N 109 südwärts nach Ilhavo mit der **Porzellanmanufaktur Vista Alegre**. Neben dem Besuch des Museums kann man an einer Führung teilnehmen (Tel. 234 320 600, www. vistaalegre.pt, Mo–Fr 9–18, Sa, So 9–12.30, 14–17 Uhr).

Ans Meer

Sehr hübsch ist der Strand von **Costa Nova** direkt an der Atlantikküste mit seinen pittoresken, bunt gestreiften Fischerhütten. Wellenreiten, Surfen und Kitesurfen ist an den Stränden von **Furadouro** und **Torreira** (jeweils ca. 30 km von Aveiro entfernt) sehr beliebt.

*Viseu 11

Die alte Bischofsstadt und Hauptstadt (50 000 Einw.) der Dão-Region blickt auf eine lange Geschichte zurück. Hier soll die letzte Bastion des lusitanischen Widerstandskämpfers Viriatus gegen die Römer gewesen sein. Und der letzte Westgotenkönig Roderich unterlag dem Ansturm der Mauren (Grab in São Miguel do Feital).

Der Besuch der **Altstadt** auf dem Hügel – ausgehend von der zentralen Praça da República (Rossio), die eine dekorative Azulejo-Wand schmückt – führt durch Fußgängerzonen und macht mit dem Hauptplatz bekannt (Adro da Sé).

Hier erhebt sich die **Kathedrale** aus grauem Granit. Ihre kubische romanische Strenge wird durch den schlichten frühbarocken Fassadendekor kaum gemildert. Der *Innenraum besitzt ein einzigartiges manuelinisches Tauknoten-Gewölbe (1513), das auf romanischen Stützen ruht. Ungewöhnlich klassisch-antik wirken die Renaissance-Arkaden im *Kreuzgang. Die weiße Barockfront der **Misericórdia-Kirche** mit ihren geschweiften Giebeln und Turmhauben kontrastiert effektvoll mit dem Grau der Kathedrale. Rund um den Kathedralplatz warten viele pittoreske Altstadtwinkel darauf, entdeckt zu werden.

Das ****Museu Grão Vasco** im ehemaligen Bischofspalast neben der Sé ist ein Muss für Kunstfreunde. Viseu war mit der Werkstatt von Vasco Fernandes, genannt Grão Vasco (ca. 1475–1542), ein Zentrum der portugiesischen Malerei auf ihrem Höhepunkt. Im Museum wird diese »Schule von Viseu« eindrucksvoll präsentiert (Di 14–18, Mi–So 10–18 Uhr).

Der bei Viseu gelegene Golfplatz **Campo de Golfe Montebelo** ist **einer der abwechslungsreichsten Golfplätze Portugals** mit Bächen und Seen (Tel. 232 856 464, www.golfemontebelo.pt).

Echt gut!

Shopping

■ Um sich mit einigen Flaschen Dão einzudecken, lohnt ein Bummel durch die **Rua Direita** in der Altstadt.

■ Mitte August bis Mitte September kann man den Jahrmarkt anlässlich der **Feira de São Mateus** auf Souvenirsuche durchstöbern.

Hotels

■ **Montebelo**
Urb. Quinta do Bosque
Tel. 232 420 000
www.hotelmontebelo.pt
Das moderne 5-Sterne-Großhotel besitzt einen Health Club und großzügige Zimmer. ●●
■ **Quinta de São Caetano (TH)**
Rua C. Gomes de Almeida 38
Tel. 232 423 984
SaoCaetano@solaresdeportugal.pt
Herrschaftshaus in Altstadtnähe mit Atmosphäre und Komfort. ●●

Restaurant

O Cortiço
Rua A. Hilario 47][**Tel. 232 423 853**
Exzellente regionale Küche in altem Gemäuer. ●●

Historische Landsitze

Auf der N 16 erreicht man in 13 km Entfernung von Viseu **Mangualde,** in dessen Umkreis viele alte Landsitze mit schönen Gartenanlagen liegen. Gleich am Ortsrand befindet sich der *****Palácio dos Condes de Anadia** aus dem 18. Jh. (Mo–Fr 14–17 Uhr). Hinter der schlichten rosa Fassade verbergen sich fürstliche Räumlichkeiten. Der Garten auf der Rückseite zieht sich bis in die Felder hinaus. Beachtlich ist auch die nahe gelegene *****Casa da Insua,** ein Gut, das Dão-Weine von sehr guter Qualität produziert (Straße nach Penalva do Castelo, www.casadainsua.pt).

Echt gut!

Hotels

Mehrere **Quintas** (TH) zwischen Mangualde, Santar und Nelas bieten erstklassige Übernachtungsmöglichkeiten im Herzen der Weinregion Dão, zu der auch die Täler des Mondego und Alva zählen, Info: **Turismo in Nelas,** Largo Prof. Veiga Simão, Tel. 232 944 348, www.turismodaolafoes.com.

**Serra da Estrela

Gouveia 12 bietet sich als Ausgangsort für die Fahrt in Portugals höchstes Gebirge an. Eiszeitgletscher haben das Granitmassiv von etwa 60 km Länge und 30 km Breite geformt und Täler ausgehobelt. An den steinigen Hängen liegen die von Kastanienwäldchen und Feldern gerahmten Dörfer wie Oasen in schwermütiger

Rast beim Wandern im Gletschertal des Zêzere in der Serra da Estrela

Landschaft mit kargen Weideflächen und kahlen Hochplateaus. In höheren Lagen türmen sich schroffe Felswände mit schalig zerfallendem Gestein und Kare mit bizarren Felsfiguren. Die alte Hirtenregion ist heute einziges Skigebiet Portugals. Im Sommer lockt das touristische Angebot Camper, Angler und Wanderfreunde an. Von Gouveia, wo der einheimische Hirtenhund, *cão da serra,* gezüchtet wird, steigt die N 232 in die immer wilder werdende Bergregion hinauf.

Manteigas 13 (755 m) im Talkessel des Rio Zêzere ist eine gute Ausgangsbasis für einen Besuch der Serra (Info im Turismo, Rua 1° de Maio). Ab Manteigas folgt die N 338 flussaufwärts dem Gletschertal des Rio Zêzere. Nach spektakulären Haarnadelkurven trifft sie auf die höchstgelegene Straße Portugals, die durch das Zentrum der Serra führt. Auf dieser erreicht man in Richtung Co-

vilhã nach 4 km Penhas da Saúde auf 1500 m.

Covilhã 14 (18 000 Einw.) bildet das südliche Tor zur Serra da Estrela und ist ein wenig attraktives Zentrum der Wolle verarbeitenden Industrie.

Von Covilhã gelangt man in nördlicher Richtung nach **Guarda** 15 (1065 m), der höchstgelegenen Stadt der Iberischen Halbinsel. Sehenswert sind die *Altstadt und die *Kathedrale. Westlich erreicht man den **Torre** (1993 m), die höchste Erhebung der Serra da Estrela. Von dort aus geht es bergab am schön gelegenen Stausee Lagoa Comprida vorbei zum Dorf **Sabugeiro** (1050 m), **in dem der berühmte Bergkäse Queijo da Serra hergestellt wird.**

Echt gut!

Info

Região de Turismo da Serra da Estrela
6200-113 Covilhã
Av. Frei Heitor Pinto][Tel. 275 319 560
www.rt-serradaestrela.pt

Hotels

■ **H2Otel**
Covilhã][Tel. 275 970 020
www.h2otel.com.pt
Großhotel mit Bade- und Saunaland-
schaft. ●●—●●●

■ **Pousada de São Lourenço**
Tel. 275 980 050][www.pousadas.pt
Komfortables Quartier in 1290 m Höhe
mit Kamin. Ein Paradies für Aktivurlauber, die wandern, angeln, Rad
fahren oder reiten möchten. ●●

`Echt gut!`

■ **Casa das Tílias**
São Romão-Seia bei Seia
Tel. 964 008 585][www.tilias.com
Stilvolle Landhäuser aus dem 19. Jh.
mit Kaminzimmer und Pub. Zum Früh-
stück gibt es u.a. selbst gemachtes
Brot und Marmelade. ●●

Leiria 16

Collipo hieß die Siedlung, die die
Römer hier anlegten. Über der
heutigen Stadt thront eine Burg
(12. Jh.), die zusammen mit der
Kathedrale und den beiden mittelalterlichen Kirchen São Pedro
und Nossa Senhora da Pena zu
den architektonischen Höhepunkten zählen. Sehenswert sind
aber auch das Glasmuseum in
Marinha Grande (15 km westlich) und die Glasproduktions-
stätten der Umgebung, wo man
bei der Herstellung von traditionellen Glasartikeln und Kristall-
gläsern zuschauen kann.

***Batalha 17

In den Jahren 1388–1533 wurde
an dem **Kloster Santa Maria da
Vitória** (9–18 Uhr) gebaut. Es ist
zugleich Grablege der königlichen
Dynastie von Avis, deren Begrün-
der der Sieger von Aljubarrota,
João I. war, ein außerehelicher
Sohn Pedros I. Er liegt in der
Gründerkapelle (1435) zusam-
men mit seiner englischen Gattin
Filipa de Lencastre und ihren
Kindern, darunter Heinrich der
Seefahrer, begraben.

Trotz langer Bauzeit und verschiedener Stileinflüsse (französi-

Das Kloster Batalha: Denkmal für den Sieg über die Spanier 1385

sche und englische Gotik, Manuelinik) entstand ein Bauwerk wie
aus einem Guss und von großer
Schönheit: Der feinstrahlig-linea-
re Wandaufbau des großartigen,
eleganten *Kirchenraums (88 m
lang, 32 m hoch) wäre auch einer
Kathedrale würdig; die prächtige
Sternkuppel über der *Gründerkapelle (1443), der ***Kreuzgang mit manuelinischem Dekor
und Brunnenhaus, der **Kapitelsaal mit einem kühnen, stüt-
zenlosen Gewölbe, das allen Erdbeben trotzte, und schließlich die
manuelinischen ***Capelas Imperfeitas begeistern jeden Kunst-
liebhaber. Über den als königliches Mausoleum konzipierten
»Unvollendeten Kapellen« mit ge-
radezu orientalischem Formen-
reichtum wölbt sich der Himmel.

Madonnenkult in Fátima

Fátima 18

Die weltberühmte Pilgerstätte ist
eher ein Monument des Wunder-
glaubens als der Kunst. Dort, wo
am 13. Mai 1917 und an jedem
weiteren 13. bis zum Oktober je-
nes Jahres drei Hirtenkinder eine
Marienerscheinung hatten, befin-

den sich heute die alte neobarocke
Wallfahrtskirche (1928), die glä-
serne Erscheinungskapelle und
die neue Pilgerkirche. Die Rotunde der Pilgerkirche in Fátima
wurde 2007 geweiht und kann
9000 Pilger fassen. Der kühne
Entwurf stammt von dem renommierten griechischen Architekten
Alexandros Tombazis.

Spanien besiegt

Bei **Aljubarrota** fand 1385 die
Schlacht gegen die Übermacht der
Spanier statt. Mit dem glänzenden
Sieg wurde die Unabhängigkeit
Portugals (bis 1580) gesichert.
Dem Ereignis wurde unweit des
Schlachtfeldes ein Denkmal ge-
setzt: Kloster Batalha (Schlacht).

Hotel

São José
Av. D. José Correia da Silva
Tel. 249 530 120][Fax 249 530 129
Schnörkellos, aber sehr zentral. Stark
von Pilgern frequentiert, deshalb
rechtzeitig reservieren! ●●

Restaurant

Tia Alice
Rua do Adro][Tel. 249 531 737
Gleich neben dem Pilgerplatz. Probieren Sie die Spezialität des Hauses:
borrego assado (Lammbraten). ●●

***Alcobaça 19

Die riesige mittelalterliche Abtei und Grabstätte der ältesten Dynastie von Burgund ist eines der wichtigsten Baudenkmäler des Landes. Ihre Gründung geht auf ein Gelübde König Afonso Henriques zurück, nach dem Sieg über die Mauren bei Santarém im Jahr 1147.

Das Kloster, im Jahr 1222 fertiggestellt, wuchs zu einem der reichsten und bedeutendsten in Europa heran. Bis ins 18. Jh. war Alcobaça geistiges Zentrum des Landes. 999 Mönche, »einer weniger als tausend«, wie es die Ordensregel vorschrieb, lebten darin. Durch jahrhundertelange Kultivierung schufen die Mönche die fruchtbare Gartenlandschaft ringsum. Nach Erdbebenschäden und Plünderung durch die Franzosen im 19. Jh. wurden die letz-ten Altäre zu Brennholz zerhackt. Seit 1930 steht Alcobaça nach seiner Restaurierung unter Denkmalschutz.

220 m breit ist die Front der Anlage mit der im 18. Jh. barockisierten Fassade der gotischen Klosterkirche als Mittelpunkt. Der dreischiffige frühgotische **Innenraum der Kirche ist nicht nur in den Ausmaßen (106 m lang, 20 m hoch, nur 17 m breit) ungewöhnlich. Er ist eines der Musterbeispiele für die asketische Schönheit französischer Zisterzienserbaukunst.

Das Querhaus der Klosterkirche beherbergt die gotischen **Prunksarkophage von Inês de Castro und König Pedro I. (s.u.). Das berühmte Liebespaar liegt sich auf Pedros Wunsch so gegenüber, dass »bei der Auferstehung jeder zuerst den anderen erblicke«. Eindrucksvoll sind auch die

Portugiesische Lovestory

Die Liebesromanze von Inês und Pedro ist durch ihre Aufzeichnung in den *Lusiaden* von Camões unsterblich geworden. Sie begann 1328, als sich Kronprinz Pedro nicht in die für ihn erwählte kastilische Gemahlin Constança verliebte, sondern in deren Hofdame Inês. Die Liebe war gegenseitig, und als Constança früh verstarb, bestätigte der Prinz offiziell seine Liaison mit der Spanierin, die ihm zwei Söhne geboren hatte. Pedros Vater aber, König Afonso IV., widersetzte sich der Verbindung aus Angst vor möglichen kastilischen Ansprüchen auf den Thron und ließ Inês zusammen mit ihren Kindern auf dem Landsitz in Coimbra, der seither Quinta das Lágrimas ❯ S. 88 heißt, von gedungenen Mördern erdolchen. Als der König zwei Jahre später starb, war Pedros Rache fürchterlich. Den Mördern ließ er bei lebendigem Leibe das Herz herausreißen. Der Leichnam seiner geliebten Inês wurde exhumiert und königlich bekleidet auf einen Thron in der Kathedrale von Coimbra gesetzt. Die Würdenträger des Landes mussten der Toten mit einem Handkuss huldigen. Danach wurde sie in einem Fackelzug nach Alcobaça überführt.

Klostergebäude, insbesondere der ***Kreuzgang** (13. Jh., Obergeschoss manuelinisch 16. Jh.) mit gotischem Brunnenhaus, das **Refektorium** und die 18 m hohe ***Küche** mit riesigem Kamin und Fischwasserbecken, für das man einen Bach umleitete.

Die Kirchenfassade von Alcobaça

Café

Die Pastelaria Alcôa gegenüber der Kirchenfront des Klosters ist berühmt für Süßigkeiten mit fantasievollen Namen wie »Tagebuch der Dona Ines« oder »Geheimnisse des Dom Pedro«. ●

Echt gut!

Hotel

Challet Fonte Nova (TH)
Rua Fonte Nova
Tel. 262 598 300
www.challetfontenova.pt
Die nostalgische Villa mit großen Zimmern liegt nur 200 m vom Kloster entfernt. ●●●

*Nazaré 20

In Nazaré, als pittoreskes Fischerdorf berühmt geworden, sind die Fischer längst in der Minderzahl. Nazaré ist seit vielen Jahren ein beliebter Urlaubsort, in dem sich Autos und Busse stauen, und der Strand ist von einem Heerlager bunter Badezelte okkupiert. Er liegt in Hügel und Klippen eingebettet. Zum schmucken Ortsteil Sítio, 110 m hoch auf der Klippe gelegen, führt eine Seilbahn (Elevador) hinauf. Dort genießt man eine schöne *Aussicht und kann zudem die Reste der Stadtmauer und eine Stierkampfarena sehen.

Hotel

Pensão Ribamar
Rua Gomes Freire 9
Tel. 262 551 158][Fax 262 562 224
Etwas altmodische, aber saubere und preisgünstige Pension am Meer. ●

Restaurant

A Tasquinha
Rua Adrião Batalha 54
Tel. 262 551 945
Frischen Fisch bekommt man hier preiswert. ●

Ausflug

10 km südwärts an der Costa da Prata (Silberküste) liegt **São Martinho do Porto 21**. Früher gehörte der Hafen den Mönchen von Alcobaça, heute kann man sich dort beim Drachenfliegen oder Kanufahren vergnügen.

Caldas da Rainha 22

Das Schwefelbad Caldas da Rainha, in dem schon König Manuels Schwester Leonor 1484 ihr Rheuma kurierte, ist heute vor allem ein Keramikzentrum. Die Kirche Nossa Senhora do Pópulo (1500), mit schönen Azulejo-Dekor im Innenraum, sollte man ebenso wenig verpassen wie das Keramikmuseum, das Museum moderner portugiesischer Malerei sowie den idyllischen Stadtpark.

Shopping

Echt gut! **Keramik in allen Farben und Formen,** u.a. Geschirr im typischen Kohlblatt-Design, kann man in zahlreichen Läden und Galerien erwerben.

**Óbidos 23

Durch bergige Landschaft gelangt man in das denkmalgeschützte Städtchen Óbidos, das als Freilichtmuseum herausgeputzt ist und in das in der Saison die Touristen busweise einfallen, um die blumengeschmückten weißen Häuser zu bewundern. Trotz der Kommerzialisierung ist der malerische Ort, geborgen im Mauerring, wirklich sehenswert.

Man betritt den Ort durch ein Tor im Ring der Burganlage. Die von Souvenirläden gesäumte Rua Direita (Tourismusbüro) führt als Hauptachse von Tor zu Tor. An ihr liegt auch die Pfarrkirche Santa Maria (16. Jh., Azulejos des 17. Jhs.). Eine Treppe führt bei der Burg hinauf zum Stadtmauerrundgang, der den perfekten Überblick über Óbidos gewährt.

Hotel

Pousada de Óbidos
Castelo de Óbidos][**Rua do Castelo**
Reservierung über Tel. 262 955 080
www.pousadas.pt
Eine in eine Pousada mit neun Zimmern umgewandelte Burg. Angegliedert sind hübsche Gästehäuser, teils in historischen Gebäuden. Herrlich ist auch der Panoramablick über das gesamte Tejo-Tal. ●●●

Restaurant

Casa de Ramiro
Rua Porta do Vale
Tel. 262 959 194
Restaurant vor der Stadtmauer mit angenehmem Ambiente; die Küche ist bodenständig. ●●

Shopping

Ein passendes Mitbringsel ist der Sauerkirschlikör von Óbidos: **Ginja**, der in den Geschäften angeboten wird.

Peniche 24

Der Fischerort Peniche ist seit langem beliebter Badeort und doch bescheiden und sympathisch geblieben. Durch einen natürlichen Sanddamm, der von Badestränden gesäumt ist, ist der Ort mit dem Festland verbunden. Über dem Hafen thront eine Festung aus dem 17. Jh., welche in der Salazar-Zeit als berüchtigtes Gefängnis genutzt wurde. Einige Zellen können besichtigt werden (Di–So 10.30–12.30, 14–18 Uhr).

Idyllischer Kreuzgang im Konvent der Christusritter in Tomar

Hotel

Sol Peniche
Estrada do Baleal
Tel. 262 780 400][www.solmelia.com
Solides Mittelklassehotel in unmittelbarer Nähe der Praia da Alfarroba. ●●

Ausflug zu den Berlenga-Inseln

Mit dem Boot (in der Hauptsaison zweimal am Tag Verbindungen) erreicht man in ca. 1 Std. die **Ilhas Berlengas** rund 10 km vor der Küste. Die schroffen, für Besiedlung ungeeigneten Felsklippen machen die Inseln zum beliebten Nistplatz für Seevögel. Sie sind Biosphärenschutzgebiet, d.h. auch die Unterwasserwelt rundum steht unter Naturschutz. Auf der Hauptinsel **Berlenga Grande** mit Leuchtturm und vorgelagertem altem Fort (16. Jh.) kann man auch übernachten. Ein Restaurant ist ebenfalls vorhanden.

Tomar

⑥ ***Convento do Cristo

Über dem Ort thront der Konvent der Christusritter, eines der großen Baudenkmäler Portugals und Weltkulturerbe der UNESCO. Seit 1159 hatten die Tempelritter hier ihren Sitz, die wesentlich zum Sieg über die Mauren bei Santarém beitrugen. Das päpstliche Verbot des mächtigen Templerordens (1314) hob König Dinis für sein Land durch die nominelle Umwandlung in den Christusritterorden auf, der fortan direkt dem König unterstand. Großmeister war der König oder einer der Prinzen, darunter Heinrich der Seefahrer und König Manuel I.

Die Aufgaben des Ritterordens weiteten sich im Zeitalter der Entdeckungen zunehmend aus. Der Orden verwaltete die überseeischen Provinzen und wurde zum reichsten Orden der Christenheit.

Symbole der Christusritter in Stein

Das rote Kreuz der Christusritter war ein Emblem der Manuelszeit und prangte auf den Segeln der Karavellen. Nach der Umwand-lung in den Christusritterorden wurde die Burg zum Kloster-schloss und im Auftrag der Köni-ge verschönert.

Kern der Anlage ist die 1160 von den Templern errichtete **Rotunde** mit dem Hauptaltar, der Grabeskirche in Jerusalem nachempfunden – ein Zeugnis aus der Zeit der Kreuzfahrer mit byzantinischen Stilelementen. Unter Manuel I. entstand der Kir-chenanbau mit *Hochchor und *Kapitelsaal auf zwei Ebenen. Berühmt ist die **Außenfassade des Hochchors mit dem bizarrs-ten aller manuelinischen Fenster (s.u.), um das sich Takelwerk, Schwimmkorken, Muscheln und Tang schlingen. Die Strebepfeiler ähneln Baumstämmen oder Ko-rallenstöcken, die ein steinerner Gürtel mit Riesenschnalle zusam-menhält. Bekrönt werden sie von Armillarsphären und dem Chris-

Seefahrt in Stein verklärt

Ihren ureigensten Ausdruck fand die Entdeckerzeit in einer höchst originellen Bauplastik, die man nach dem regierenden Herrscher als Manuelinik be-zeichnet. In der Fantastik dieses Ornamentstils, der das gotische Maßwerk in verschlungene und verknotete Schiffstaue, in Anker, Korallen und Muscheln, in Halme, Lotosknospen und orientalischen Zierrat verwandelt, spiegelt sich der Zauber der Meere und die Exotik ferner Länder. Beliebte Motive sind auch die Insignien der Seefahrt, die Armillarsphäre und das Kreuz des Chris-tusritterordens, das die Segel der Karavellen schmückte. Kloster und Turm von Belém, die Capelas Imperfeitas und der Kreuzgang von Batalha sowie der Kapitelsaal und sein Fenster im Burgkloster der Christusritter in Tomar sind die überragenden Hauptwerke des manuelinischen Stils. Seine führen-den Künstler waren Diogo Boytac, ein gebürtiger Franzose, João de Castilho und sein Bruder Diogo sowie Francisco de Arruda. Die hervorragende Figu-renplastik von Nicolas de Chanterène und Jean de Rouen lehnt sich mehr an die französische Stilentwicklung von der Spätgotik zur Renaissance an.

tusritterkreuz. Die Baumeister sind wie bei allen großen Bauten der Manuelinik Boytac, Castilho und Arruda.

Unter Manuels Sohn João I. wurde der Ritterorden in einen Mönchsorden umgewandelt und ein neues Kloster gebaut. **Schönster Teil ist der **Kreuzgang dos Filipes,** ein Renaissancehof, wie es auf der Iberischen Halbinsel keinen zweiten gibt.

Echt gut!

Info

Turismo
Rua Serpa Pinto 1][2300-592 Tomar
Tel. 249 329 000][www.rtt.ipt

Hotels

■ **Dos Templários**
Largo Candido dos Reis 1
Tel. 249 310 100
www.hoteldostemplarios.pt
Großzügiges 4-Sterne-Haus mitten im Ort mit Hallenschwimmbad, Fitnessraum und Pool. Am Rio Nabão, mit Blick auf den Ritterkonvent. ●●●

■ **Quinta do Valle**
Guerreira
Tel. 966 814 613 (mobil)
www.quintadovalle.com
Ein charmantes Landhaus in Guerreira, 7 km südlich von Tomar. Mit Swimmingpool und Reitmöglichkeit. Die Apartments für 4–6 Personen sind behaglich und stilvoll eingerichtet. ●●

Restaurants

■ **Casinha d'Avó Bia**
Rua Dr. Joaquim Jacinto 16
Tel. 249 323 828
Nettes Kellerlokal mit rustikaler Atmosphäre. Man sollte unbedingt Spanferkel probieren! So geschl. ●

■ **O Tabuleiro**
Rua Serpa Pinto 140–148
Tel. 249 312 771
Fettige Hausmannskost zum Schwelgen und zu fairen Preisen. ●●

Abrantes 26

Der Ort am Tejo liegt inmitten von Olivenhainen und Zitrusplantagen und wird bekrönt von einer stattlichen Burg maurischen Ursprungs. Die Burgkirche **Santa Maria do Castelo** geht auf das 13. Jh. zurück, wurde jedoch im 16. Jh. erneuert. Heute birgt sie das Stadtmuseum, in dem man wunderschöne Azulejos bewundern kann. Weithin sichtbar ist auch die stolze **Igreja de São Vicente** (13. Jh.), deren Kircheninneres im 16. Jh. neu gestaltet wurde. Abrantes war damals ein wohlhabender Handelsplatz an der Flussroute des Salzhandels.

Das **Umland des Ortes lädt zu Wanderungen ein,** besonders am 65 km langen **Stausee Castelo do Bode,** der 3 Mio. Menschen mit Trinkwasser versorgt. Der See mit seiner über 100 m hohen Mauer ist ein beliebtes Naherholungsgebiet (Bootsfahrten). Die Burg Castelo do Bode ist heute eine Pousada.

Hotel

Quinta de Cerejeira
Ferreira do Zêzere
Tel. 249 361 756][www.cerejeira.com
Hier wohnt man idyllisch im Grünen. Wanderwege ins Umland, Fahrradverleih und ein Swimmingpool locken Aktivurlauber an. ●●

Santarém 27

Das Städtchen hoch über den Marschen des Tejo gefällt mit einer schönen **Altstadt mit vielen Gassen und Winkeln. Man tritt durch die *Portas do Sol (Sonnentore) ein.

Restaurant

Echt gut!

Preiswerte Lokale findet man in direkter Umgebung der **Markthalle. Man sollte unbedingt ein Queijadinho (Küchlein) probieren.**

Ribatejo

Die Landstraße N 118 folgt dem Südufer durch die weißen Straßendörfer des Ribatejo, der Provinz am großen Strom. Am hübschesten sind **Chamusca** 28

(Weingegend) und **Alpiarça,** wo die *Casa dos Patudos, ein musealer Landsitz, zu besichtigen ist. Der fruchtbare Schwemmlandbereich ist berühmt für seine Pferde- und Stierzucht; hier ist auch der Stierkampf zu Hause.

In **Almeirim** 29 kann die Pferde- und Weinfarm **Quinta da Alorna** besucht werden. Eine interessante Messe für Zuchtpferde findet anlässlich des Martinstags im November in **Golegã** nördlich von Chamusca statt.

Man kann auf der N 118 noch weiter durch den ländlichen Ribatejo bis **Vila Franca de Xira** 30 fahren, ins Stierkampfzentrum Portugals (ca. 30 km nördlich von Lissabon). Schöner Blick vom Miradouro de Monte Gordo am Stadtrand auf die Tejo-Mündung.

Stierkampf

Wie die temperamentvollen Spanier, so lieben auch die sanften Portugiesen – zumindest in Zentral- und Südportugal – den Stierkampf. Ein entscheidender Unterschied: In Portugal werden die Stiere nicht in der Arena getötet, sondern nach Prüfung der Verletzungen entweder ins Schlachthaus oder zu Zucht- und Trainingszwecken wieder zurück auf die Weide gebracht. Auch der Ablauf einer Tourada unterscheidet sich von der spanischen Corrida. Im ersten Teil versucht ein Cavaleiro hoch zu Ross Farpa und Ferro, Metallspieße unterschiedlicher Länge, im Nacken des angreifenden Stiers zu platzieren. Ihm assistieren dabei Toreros, die den Stier mit einem roten Mantel abzulenken versuchen. Es folgt der Auftritt der berittenen Cavaleiros. Der anschließende Kampf der unbewaffneten Forcados mit dem wutschnaubenden Stier ist der Höhepunkt. Nur mit bloßen Händen stehen acht Männer hintereinander aufgereiht dem wütenden Tier gegenüber. Der erste springt dem Stier zwischen die Hörner, die übrigen versuchen, ihn zu umringen und ihn am Schwanz haltend zum Stehen zu bringen – das misslingt nicht selten. Ruhm und Ehre sind jedoch den Stierkämpfern sicher, dafür nehmen sie so manche Verletzung in Kauf. Stierkämpfe finden regelmäßig in den Sommermonaten in Arenen oder auch auf Dorfplätzen zwischen Lissabon und Algarve statt.

Lissabon und Umgebung

Nicht verpassen!

- Eine Fahrt mit der Straßenbahnlinie 28 über die Hügel Lissabons
- Einen Einkaufsbummel im eleganten Chiado-Viertel
- Eine Kostprobe der köstlichen Pastéis de Belém in der Pastelaria de Belém
- In einem der Szeneclubs am Tejo den Morgen begrüßen
- Sich in einem der Fischlokale an der Costa de Estoril an Meeresfrüchten laben

Zur Orientierung

Lissabon, die Schöne am Atlantik, war und ist Portugals Tor zur Welt. Bereits die Lage ist einzigartig: Über zahlreiche Hügel und am Ufer des Tejo entlang ziehen sich die Altstadtviertel der portugiesischen Hauptstadt. Eine frische Meeresbrise durchweht die Gassen, in denen alte Traditionen lebendig geblieben sind und neue Trends geboren werden.

Lissabon ist Höhepunkt jeder Reise durch Portugal und gleichzeitig ein Trendziel für den City-trip. Wer den Akzent auf Kultur setzt, wird die Straßen der traditionsreichen Stadtviertel Baixa, Alfama und Bairro Alto durchstreifen, die kunstvoll mit Azulejos geschmückten Hausfassaden oder elegante Jugendstilzeilen bestaunen. Und wer angesichts des ständigen Auf und Ab Ermüdungserscheinungen zeigt, kann in die teilweise museumsreifen Straßenbahnen steigen, die die kühnsten Steigungen meistern und geruhsam um die Ecken zuckeln. Auch die Standseilbahnen oder der Fahrstuhl von der Unter- in die Oberstadt gehören zu den Verkehrsmitteln, die man sich nicht entgehen lassen sollte.

Im Stadtteil Belém schwelgt man im Hieronymitenkloster oder an der Torre de Belém in Erinnerungen an das Zeitalter der Entdeckungen, als portugiesische Seefahrer den Seeweg nach Indien oder die Küsten Brasiliens entdeckten. Und bei melancholischen Fado-Gesängen kommt man in den Lokalen der Alfama oder des Bairro Alto am Abend der Seele Lissabons ganz nahe.

Wer Entspannung beim Shopping sucht und tief im Nachtleben versinken möchte, kommt in Lissabon voll und ganz auf seine Kosten. Durch die Clubs am Tejo tanzt heute eine quicklebendige Szene, und angesichts der Vielzahl an schicken Läden ist der Kaufrausch vorprogrammiert. Familien zieht es aufs ultramoderne ehemalige EXPO-Gelände mit dem zweitgrößten Meerwasseraquarium der Welt, einem Hightecheinkaufszentrum und einer 17 km langen Schrägseilbrücke.

Vor den Toren Lissabons begeistern der gigantische Klosterpalast von Mafra oder die Königsschlösser von Queluz und Sintra. Im kühlen Bergland von Sintra suchten einst die Könige und Adel Schatten. Und nur wenige Katzensprünge sind es vom pulsierenden Zentrum bis zum Surfspot an der Praia do Guincho oder zu den mondänen Atlantik-Seebädern Estoril und Cascais. Badeurlaub kann man auch an den Stränden der Halbinsel Setúbal machen – Sommerfrische nahe der Großstadt. Ideale Monate für eine Städtereise sind April bis Juni oder September/Oktober. Doch auch im Februar zeigt sich die Frühjahrssonne schon.

Touren in der Region

Lissabons Herz zu Fuß und per Bahn erobern

⑩ Vormittag: Rossio › Sé › Castelo de São Jorge › Miradouro de Santa Luzia › Alfama › Fado-Museum › Praça do Comércio; Nachmittag: Praça dos Restauradores › Elevador da Gloria › Miradouro de São Pedro de Alcântara › Bairro Alto › Chiado › Café A Brasileira › Largo do Carmo › Elevador de Santa Justa › Rossio

Dauer: 1 Tag

Praktische Hinweise: Für die ganztägige Besichtigungstour muss man nicht alle Strecken zu Fuß zurücklegen. Wo die öffentlichen Verkehrsmittel zu den Attraktionen zählen, wie der Eléctrico 28, sind sie angegeben. Weitere Infos zum Stadtverkehr und zur Lisboa Card › S. 112.

Die Tagestour durch Lissabon beginnt am **Rossio** › S. 112, dem Hauptplatz im Herzen der Stadt. Am Ende der Querstraße Rua Santa Justa steht der Gitterturm des Elevador Santa Justa, mit dem man in die Oberstadt hinauffahren kann. Doch zunächst durchquert man das Straßenraster der Unterstadt (Baixa), bis man kurz vor Erreichen der Praça do Comércio an der Rua da Conceição auf eine Haltestelle des berühmten **Eléctrico 28** stößt, der Straßenbahn Nr. 28, die in der Alfama an den wichtigsten Punkten haltmacht. Die erste Station ist die trutzige *Sé › S. 117, die mittelalterliche Kathedrale von Lissabon. Die Linie 28 schnauft von dort weiter bis fast zum **Castelo de São Jorge** › S. 116 hinauf, der mittelalterlichen Burganlage. Die letzten Minuten bahnt man sich zu Fuß den Weg hinauf durch das Gassengewirr. Oben angekommen liegt einem Lissabon zu Füßen. Von der Burg aus geht es über die Travessa de Santa Luzia hinunter zur Aussichtsterrasse *Miradouro de Santa Luzia › S. 117. Von hier blickt man auf die andere Seite der Stadt und bis zum Tejo.

Wer mag, genießt die Weiterfahrt mit der Linie 28 bis zur Endstation. Andernfalls bummelt man zu Fuß durch die Gassen der **Alfama** › S. 116, des ältesten Viertels der Stadt. Am pittoresken Largo do Chafariz de Dentro liegt das **Fado-Museum** › S. 123. Am Fuß des Hügels entlang führt die Rua Terreiro do Trigo zum gleichnamigen Platz.

Durch die Rua dos Bacalhoeiros (Straße der Stockfischverkäufer) geht es in Richtung **Baixa** › S. 113. Am Ende der Straße öffnet sich der großzügige Arkadenplatz **Praça do Comércio** › S. 114. Von hier aus bummelt man durch die Fußgängerzone zurück zum Rossio und legt eine Pause ein, bevor man Lissabons Oberstadt, Bairro Alto, und das elegante Einkaufsviertel Chiado erkundet.

Direkt hinter dem Rossio, an der Flanke des Bahnhofs, liegt die **Praça dos Restauradores** ❯ S. 117 mit dem barocken Palácio Foz (Tourismusbüro), wo der Prachtboulevard ****Avenida da Liberdade** ❯ S. 117 seinen Ausgang nimmt. Er endet an der Praça Marquês de Pombal, der sogenannten **Rotunda,** einem Verkehrskreisel um das Denkmal des Reformers Pombal.

Wer wenig Zeit hat, verzichtet auf den Spaziergang über die breite Achse und wendet sich an der Praça dos Restauradores einem weiteren originellen Verkehrsmittel zu – der betagten Standseilbahn **Elevador da Glória,** die seit 1885 in Betrieb ist und hinauf zum **Miradouro São Pedro de Alcântara** ❯ S. 119 ächzt.

· Das hoch gelegene ***Bairro Alto** ❯ S. 119 ist beliebtes Ausgehviertel mit Restaurants, Bars, Fado-Lokalen und vielfältigen Shoppingmöglichkeiten. Vom **Largo do Carmo** ❯ S. 118 mit seinem barocken Brunnenpavillon und der eindrucksvollen Kirchenruine der **Igreja do Carmo** geht es bergab zum ***Chiado** ❯ S. 118, dem ehemaligen Literatenviertel. In der Rua Garrett und der Rua do Carmo sind nicht nur die Waren, sondern auch die Geschäftsräume und Ladenfassaden selbst eine Attraktion.

Das nostalgische Traditionscafé **A Brasileira** ❯ S. 118, noble Geschäfte und Buchhandlungen erinnern an Lissabons Belle Époque, als sich hier ein Flanierviertel nach Pariser Vorbild formte. Der **Elevador de Santa Justa** ❯ S. 118 von 1901 ist ein Personenaufzug, der den Chiado mit der Unterstadt verbindet. Hier erreicht man über die Rua Aurea wieder den Rossio.

Lissabon und Umgebung

0 — 20 km

10 Lissabons Herz zu Fuß und per Bahn erobern ❯ Stadtplan S. 114

11 Wo sich Könige und Adel trafen Lissabon ❯ Queluz ❯ Sintra ❯ Cabo da Roca ❯ Praia do Guincho ❯ Cascais ❯ Estoril ❯ Lissabon

12 Die Halbinsel von Setúbal Lissabon ❯ Ponte 25 de Abril ❯ Azeitão ❯ Sesimbra ❯ Serra da Arrábida ❯ Setúbal ❯ Palmela ❯ Lissabon

Wo sich Könige und Adel trafen

⑪ Lissabon › Queluz (35 Min.) › Sintra (40 Min.) › Serra de Sintra (25 Min.) › Cabo da Roca (15 Min.) › Praia do Guincho (15 Min.) › Cascais › Estoril (45 Min.) › Lissabon (30 Min.)

Dauer: 1 Tag; Gesamtfahrzeit: ca. 4 Std.
Praktische Hinweise: Man sollte einen Wochentag für die Tour wählen, da am Wochenende ganz Lissabon an den Strand fährt. Die Zeitangaben beziehen sich auf eine Pkw-Tour. Ohne Auto ist folgende Tagestour möglich: Vorortbahn vom Rossio nach Sintra, im Bus weiter nach Cascais und von dort zurück zum Cais do Sodré in Lissabon. Durch die gute Bahnanbindung bieten sich Cascais und Estoril als Übernachtungsorte für Lissabon-Besucher an.

Lustschloss Queluz

Man durchfährt zunächst die Vorstädte in nordwestlicher Richtung. Auf halbem Weg zwischen Lissabon und Sintra liegt ****Queluz** ein heiteres Rokoko-Lustschloss › S. 129. Der Flügelbau rahmt die französische **Gartenanlage,** einst Schauplatz legendärer Sommernachtsfeste. Nach kurzer Fahrt ist das Königsschloss von *****Sintra** › S. 130 erreicht. Der fantasievoll komponierte ***Paço Real** war lange königliche Sommerresidenz.

Auf der höchsten Felsspitze thront über Sintra in großartiger Aussichtslage der ****Palácio da Pena,** eine pseudomittelalterliche Fantasieburg, das »portugiesische Neuschwanstein«. Vorbei am exotischen ***Parque de Monserrate** und durch das subtropische Küstengebirge **Serra de Sintra** geht es zum ***Cabo da Roca** › S. 132, wo man raue Atlantikluft schnuppern kann. Die felsige Steilküste bildet den westlichsten Punkt des europäischen Festlandes. Weiter südlich führt die schöne Küstenstraße zum weiten, oft stürmischen Dünenstrand **Praia do Guincho** › S. 132, einem Dorado für Windsurfer. Im Strandbad **Cascais** › S. 133 mit seiner hübschen Altstadt reihen sich Cafés und Restaurants aneinander. Die Uferpromenade zieht sich bis nach **Estoril** › S. 133. An der reizvollen ***Costa do Estoril** entlang geht es zurück in die Stadt.

Die Halbinsel von Setúbal

⊟⑫⊟ **Lissabon › Ponte 25 de Abril (10 Min.) › Azeitão (50 Min.) › Sesimbra (20 Min.) › Serra da Arrábida (20 Min.) › Setúbal (20 Min.) › Palmela (20 Min.) › Lissabon über den Ponte 25 de Abril oder Ponte Vasco da Gama (jeweils 40 Min.)**

Dauer: 1 Tag;
Gesamtfahrzeit: 3 Std.
Praktische Hinweise: Die Zeitangaben beziehen sich auf eine Pkw-Tour. Rund um Setúbal ist mit erhöhtem Verkehrsaufkommen zu rechnen. Setúbal ist auch per Bus gut erreichbar (1 Std. Fahrzeit von Lissabon).

Über den **Ponte 25 de Abril** geht es zunächst nach Süden auf der Stadtautobahn A 2, die man bei Colna verlässt, nach **Azeitão** ins Moscatel-Anbaugebiet von Setúbal. Von hier hat man Zugang zum Naturpark der **Serra da Arrábida** › S. 134. Es empfiehlt sich ein Rundgang zu Fuß durch die von mehreren Pfaden durchzogenen Hügel mit subtropischem Küstenbewuchs und einmaligen Klippenpanoramen.

Nun umfährt die Straße nördlich die Serra da Arrábida und erreicht **Sesimbra** › S. 134. Das Hafenstädtchen mit mittelalterlicher Burg (13. Jh.) lädt zum Fischessen ein. Dann geht es weiter entlang der Küste. Unterwegs locken immer wieder Aussichtspunkte und attraktive Badeplätze (z.B. in Portinho da Arrábida).

Die Stadt **Setúbal** › S. 135, ebenfalls von einer Burg bekrönt und teils heute noch umschlossen von der mittelalterlichen Stadtmauer, liegt in einer riesigen Lagune an der Mündung des Flusses Sado. Beim Streifzug durch die Straßen und Plätze der Altstadt von Setúbal entdeckt man eine Fülle sehenswerter Kirchen, Brunnen und Paläste.

Verlässt man Setúbal in nördlicher Richtung, führt der Weg in die charmante kleine Stadt **Palmela** › S. 135 mit der Burg des Santiago-Ordens auf römisch-maurischen Fundamenten, die einen einmaligen Blick auf das Umland bietet. Ab hier tritt man den Rückweg an, entweder über den **Ponte 25 de Abril** oder den weiter östlich gelegenen ultramodernen **Ponte Vasco da Gama**, eine Brücke der Superlative, die beim ehemaligen EXPO-Gelände **Parque das Nações** › S. 126 zurück in die Stadt führt.

Ponte Vasco da Gama

Unterwegs in ***Lissabon [1]

Schon allein die Lage der Stadt bietet Stoff zum Träumen: Wo sich die mächtige Bucht des Tejo, das glitzernde Mar de Palha (Strohmeer), verengt, um in den Atlantik zu münden, breitet sich das Häusermeer Lissabons aus und zieht sich weiter über die sieben Hügel der weißen Stadt. Die Hauptstadt Portugals gehört zweifellos zu den schönsten unter Europas Kapitalen. Und anders als noch in den frühen 1990er-Jahren ist sie längst nicht mehr nur Lieblingsziel von Romantikern, die Lissabons marodem Charme verfielen. Lissabon ist im 21. Jh. auch ein Ziel für Trendsetter.

Geschichte

Seit ältesten Zeiten war der große Naturhafen ein Stützpunkt der Handelsschifffahrt. Auf die Phönizier, die den Ort Alis Ubbo (liebliche Bucht) nannten, führt Lissabon seinen Namen zurück. Dann kamen Griechen und Römer, die die Stadt über 300 Jahre beherrschten, bis sie von den Germanenvölkern vertrieben wurden. 715 entrissen die Araber den Westgoten die Festung und bauten Lischbuna, in dem sie sich für 400 Jahre einrichten sollten, zur ummauerten Stadt aus.

1147 wurde Lissabon vom ersten portugiesischen König Afonso Henriques erobert und 100 Jahre später Hauptstadt des Landes. Die Blütezeit begann Ende des 15. Jhs., als die Portugiesen in der Folge ihrer Entdeckungsreisen über die Weltmeere das erste Kolonialreich Europas schufen. Unter der Regierung Manuels I. (1495–1521) löschten jährlich 2000 Schiffe die kostbarsten Waren aus Afrika, Indien und Südamerika an den Docks des Tejo. Lissabon wurde zur reichsten Stadt Europas.

Erdbeben und Wiederaufbau

Von der Pracht und Herrlichkeit aus großen Tagen blieb kaum ein Stein. Das furchtbarste Erdbeben, das je eine europäische Großstadt traf, zerstörte am Allerheiligentag des Jahres 1755 den Großteil Lissabons und tötete etwa 30 000 Bewohner. Ein glücklicher Zufall allerdings bescherte Portugal zu dieser Zeit einen der fähigsten Staatsmänner, den es je hatte, den Marquês de Pombal. Er setzte den raschen Wiederaufbau Lissabons nach der Katastrophe durch, vor allem in der Cidade Baixa.

Weitere Zerstörungen verursachten die napoleonischen Invasionen und die Aufhebung religiöser Orden 1834, durch die 65 Klöster dem Verfall preisgegeben wurden. Ab Mitte des 19. Jhs. wurde Lissabon in großem Stil und nach neuen Vorstellungen von Stadtbaukunst verschönert und erweitert. Zunächst baute man eine spektakuläre Achse nach Norden, die Avenida da Liberdade, die durch die geraden Schneisen der Avenidas Novas ergänzt wurde.

Diktatur

Große Bemühungen zur Stadtplanung unternahm der Salazar-Staat in den 1930er- und 1940er-Jahren, u.a. im Umkreis der Avenidas Novas: Öffentliche Bauten, Plätze und ein ganzes neues Stadtviertel (Alvalade) entstanden. Den vorherrschenden Baustil des *Estado Novo* Salazars kann man als verspätetes Art déco mit faschistischen Zügen charakterisieren. Ein Stadtentwicklungsplan sah auch den Ausbau eines modernen Verkehrsnetzes vor, für das ein Drittel des privaten Grundbesitzes enteignet wurde. Ein Verdienst Salazars war der soziale Wohnungsbau. Das imposanteste Bauwerk aus jener Zeit ist die 1966 eingeweihte Hängebrücke über den Tejo, nach der Nelkenrevolution 1974 in Ponte 25 de Abril umbenannt.

Stadtentwicklung

Ungehemmte Bauspekulation führte zur planlosen Zersiedlung des Umlands. In der Innenstadt zeigen die Sanierungsmaßnahmen der Altbausubstanz heute allerdings Wirkung. Es existieren kaum noch Slums *(bairros da lata)*, aber ein hässlicher Wohnblockgürtel und ausgedehnte Satellitenstädte umgeben Lissabon. Innerhalb der Stadtgrenzen wohnen gegenwärtig etwa 520 000 Menschen. Die Einwohnerzahl des bis Setúbal reichenden Großraums beträgt ca. 2,8 Mio.

Stadtrundgang

Rossio Ⓐ

Der Rossio vor dem Bahnhof ist zentraler Ausgangsort für Stadterkundungen. In der Mitte stehen zwei Springbrunnen, bunte Blumenstände und die Statue König Pedros IV., nach dem der Platz offiziell Praça Dom Pedro IV heißt.

An der Stelle des klassizistischen **Teatro Nacional Dona Ma-**

Tipps und Knigge für die öffentlichen Verkehrsmittel

Lissabon ist eine weitläufige, hügelige Stadt. Will man nicht alle Strecken zu Fuß zurücklegen, kann man auf das gute öffentliche Streckennetz von Bus, Straßenbahn und U-Bahn zurückgreifen. Bei Bussen und alten Straßenbahnen steigt man vorne beim Fahrer ein und hinten aus. Fahrscheine können für jede Fahrt einzeln erworben werden. Nach Metrofahrten unbedingt das Ticket bis zum Verlassen der Station aufheben. Will man gern das öffentliche Verkehrsnetz der Stadt nutzen und außerdem viele Museen besuchen, lohnt sich die Lisboa Card für 24 Std. (17,50 €), 48 Std. (29,50 €) und 72 Std. (36 €); Kinder zahlen etwa die Hälfte. Sie ermöglicht freie Fahrt in ganz Lissabon sowie nach Sintra und Cascais. Zudem sind manche Museen gratis, viele gewähren ermäßigten Eintritt. Infos unter www.askmelisboa.com.

ria II an der Nordseite des Rossio lag früher der Inquisitionspalast. Ein Mosaik aus weißen Kalk- und schwarzen Basaltwürfeln ziert Gehsteige und Plätze der Innenstadt in vielerlei Variationen.

Essen und Trinken

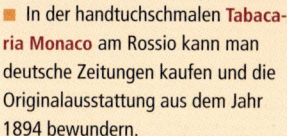

■ **Ideale Beobachtungsposten für das geschäftige Treiben auf dem Rossio** sind das stilvolle, etwas überrestaurierte Art-déco-Café **Nicola** und das volkstümliche Konditorei-Café **Pastelaria Suiça** gegenüber.

■ In der **Casa do Alentejo** speist man stimmungsvoll unter Azulejo-Tableaus **(Rua das Portas de Santo Antão 58, Tel. 213 405 140, www.casadoalen tejo.pt, ●●).**

**Baixa

Als fortschrittlicher Politiker ließ Pombal keine Paläste und Kirchen, sondern ein geradliniges Straßensystem und Bürgerhäuser mit Ladenlokalen für Juweliere, Tuch- und Lederwarenhändler errichten, von denen noch die Straßennamen zeugen. Auch heute ist die Baixa als Banken- und Einkaufsviertel Zentrum des Handels zwischen den Prachtplätzen **Rossio** und **Praça do Comércio** am Tejo-Ufer. Parallel zur Fußgängerzone und Einkaufsmeile **Rua Augusta** verlaufen die einstigen Straßen der Gold- und Silberschmiede, die **Rua do Ouro** und die **Rua da Prata,** wo ebenfalls schicke Läden locken und es aus Cafés nach Backwaren duftet.

Nostalgisches liegt am Wege: in der Rua dos Sapateiros gleich beim Rossio der **Animatógrafo**

Die besten Einkaufsadressen in Lissabon

■ In der handtuchschmalen **Tabacaria Monaco** am Rossio kann man deutsche Zeitungen kaufen und die Originalausstattung aus dem Jahr 1894 bewundern.

■ Nicht nur ein Augenschmaus ist die nostalgische Belle-Époque-Bäckerei **São Roque, Rua Dom Pedro V, Ecke Rua da Rosa** ❯ S. 118.

■ Der **Chiado** ist der Lissaboner Shoppingdistrikt Nummer eins. Um die **Rua Garrett** (Designerläden) und **Rua do Carmo** kann man sich treiben lassen und das ein oder andere Lieblingsstück entdecken.

■ Hinter der Kirche São Vicente de Fora wird auf dem **Campo de Santa Clara** mit schönen Patrizierhäusern die **Feira da Ladra,** der älteste Flohmarkt der Stadt, abgehalten (Di und Sa 8–18 Uhr).

■ Backförmchen, Stifte und mehr – nette Portugal-Souvenirs ganz ohne Kitschfaktor gibt es im Laden **A Vida Portuguesa,** Rua Anchieta 11, www. avidaportuguesa.com.

■ Noch größer: das **Shoppingcenter Vasco da Gama** ❯ S. 126 **im Parque das Nações** (Ⓜ Oriente).

■ Erlesene (und teure) Antiquitätenläden findet man in der **Rua Dom Pedro V** ❯ S. 118.

■ Trendiges kann man in der **Rua da Atalaia** finden, z.B. Designermode bei **Lena Aires** (Nr. 96) und **Fatima Lopes** (Nr. 36), Life-Style-Inspirationen bei **Spera** (Nr. 64).

■ Fliesenkunst des 21. Jhs. gibt es im Museumsladen des **Museu Nacional do Azulejo** ❯ S. 120.

do Rossio von 1907 mit schnörkeliger Jugendstilfassade, gegenüber **A Licorista,** eine Weinkneipe mit prächtigem Marmortresen, und das stuckverzierte **Café Leitaria A Camponesa** (Nr. 155), das ebenfalls aus der Zeit um 1900 stammt.

Praça do Comércio **B**

Die Rua Augusta endet in einem Triumphbogen, durch den man auf die Praça do Comércio gelangt, ein weites, von Arkaden umstandenes Geviert, das sich in einer Freitreppe zum Fluss hin öffnet. Hier befand sich vor dem Erdbeben der von König Manuel erbaute Königspalast, weshalb der Platz noch heute Terreiro do Paço (Palastplatz) genannt wird. In der Mitte erhebt sich auf hohem Sockel das barocke Reiterbild des reformfreudigen Königs José I., Pombals Auftraggeber.

Restaurant

Unter den Arkaden in der Nordostecke der Praça do Comércio (Nr. 3) verbirgt sich das schöne, 1782 gegründete Café-Restaurant **Martinho da Arcada** (●●). Dort ließ sich einst Lissabons trinkfreudiger Poet Fernando Pessoa alltäglich seine Flasche Macieira servieren. An den berühmten Dichter erinnern einige Pessoa-Souvenirs.

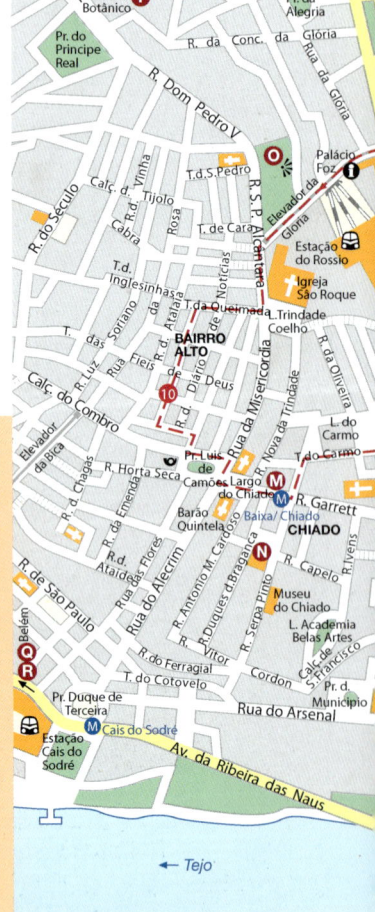

10 **Lissabons Herz zu Fuß und per Bahn erobern**
- **A** Rossio
- **B** Praça do Comércio
- **C** Rathaus
- **D** Castelo de São Jorge
- **E** Sé (Kathedrale)
- **F** Santo António da Sé
- **G** Igreja de São Vicente de Fora
- **H** Praca dos Restauradores
- **I** Jardim Botânico
- **J** Parque Eduardo VII
- **K** Elevador de Santa Justa
- **L** Igreja do Carmo (Archäologisches Museum)
- **M** Café A Brasileira (Chiado)
- **N** Oper São Carlos
- **O** Miradouro de São Pedro de Alcântara
- **P** Museu Calouste Gulbenkian
- **Q** Museu Nacional de Arte Antiga
- **R** Museu Oriente
- **S** Museu Nacional do Azulejo

Im **Rathaus** (Município) ⓒ von 1865 gleich um die Ecke wurde 1910 die Republik ausgerufen. Den Platz davor prägt eine gewundene steinerne Säule, der **Pelourinho,** Zeichen der städtischen Gerichtsbarkeit und früher als Pranger verwendet.

Auf der Ostseite der Praça do Comércio legen vom Terminal Fluvial die **Fähren** zum anderen Tejo-Ufer ab. Die Estação Cais do Sodré nahe der Praça do Comércio ist Endpunkt der Bahnlinie nach Cascais ❯ S. 133. Hier legen auch die Autofähren an. Die Docks zwischen Cais do Sodré und Alcântara haben sich zunehmend zur **Flaniermeile mit Szenelokalen** entwickelt.

Blick vom Nationalpantheon Santa Engrácia auf die Alfama

**Alfama

7   Im Osten der Baixa zieht sich rings um den Burghügel das älteste Viertel der Stadt. Hier befand sich der Kern der Römerstadt, von der man u.a. Reste eines Theaters ausgegraben hat (Ecke Rua de São Mamede/Rua da Saudade), und der Maurenstadt Mouraria, wo auch die Juden bis zu ihrer Vertreibung im 16. Jh. wohnten.

Auf dem höchsten Punkt liegt das **Castelo de São Jorge** ❿. Hier wachte wohl schon im 6. Jh. eine Festung über die Tejo-Mündung, die im 12. Jh. von den Mauren ausgebaut wurde. In der unter Salazar romantisch umgebauten und zur Weltausstellung 1998 erneut restaurierten Ruine erinnern nur wenige Details an die maurische Alcáçova, die Königsresidenz, wo

einst Vasco da Gamas Indienfahrt mit einem rauschenden Fest gefeiert wurde. Auf jeden Fall ist das Castelo **der schönste Miradouro mit Rundblick** auf Stadt und Strom.

Der Gang durch die gewundenen Gassen der Alfama führt noch heute in eine andere Zeit, auch wenn die dringend notwendigen Sanierungsarbeiten Fortschritte machen. Statt Abgasschwaden liegt der Duft von gegrillten Sardinen über den verwinkelten, steilen Gassen und Treppen, statt Motorenlärm hört man Kanarienvögel zwitschern.

Mit der Straßenbahn durch die Alfama

Für die Runde zu den Sehenswürdigkeiten oberhalb der Alfama empfiehlt sich für Fußmüde und

Nostalgiker eine **Straßenbahnfahrt mit dem berühmten Eléctrico 28,** der zwischen der Rua da Conceição in der Baixa und dem Viertel Graça an den wichtigsten Punkten vorbeizuckelt und ein gemütlich-traditionelles Fahrgefühl vermittelt.

Erste Station der Straßenbahn ist die trutzig am Hang stehende *Sé ❻ (lat. *sedes episcopalis,* Bischofssitz), die mittelalterliche Kathedrale von Lissabon, die an der Stelle einer Moschee als Denkmal des Sieges über die Mauren errichtet wurde. Stark restauriert, ist sie dennoch ein eindrucksvolles Zeugnis aus der Frühzeit des Königtums. Das hohe, dunkle Hauptschiff zeigt sich romanisch, der Chor barock, sein Umgang gotisch schlicht. Zu sehen ist eine große *Weihnachtskrippe aus dem 18. Jh. in der ersten Kapelle links vom Eingang und gotische Grabmäler in den Chorkapellen. Einen Besuch lohnt der gotische **Kreuzgang,** in dem man Fundamente aus römischer und maurischer Zeit ausgegraben hat.

Unterhalb der Sé befindet sich ein Kirchlein mit barock beschwingtem Giebel, **Santo António da Sé** ❼ (Ende 18. Jhs.), das dem hl. Antonius von Padua geweiht ist, der eigentlich hl. Antonius von Lissabon heißen müsste, denn hier stand sein Geburtshaus. Er ist der beliebteste Schutzheilige. Zu seinen Ehren wird am 13. Juni in der Alfama das größte Volksfest Lissabons gefeiert.

Nächste Station ist der berühmte *Miradouro de Santa Luzia, eine Aussichtsterrasse mit überrankter Pergola und bunt gefliesten Sitzbänken auf der Rückseite der Kirche Santa Luzia. Einen weiteren Traumblick auf die Alfama, den Tejo und weiße Kirchenkuppeln erhascht man vom *Largo das Portas do Sol.

Die Straßenbahn hält auch direkt an der Kirche **São Vicente de Fora ❼, früher außerhalb *(de fora)* der Stadtmauern gelegen. Der strenge Spätrenaissancebau mit seiner stolzen Doppelturmfassade ist ein Denkmal der spanischen Besetzung, 1629 geweiht. In den Höfen des Klosters findet man **einen der umfangreichsten Zyklen von *Azulejo-Wandbildern** aus dem 18. Jh. sowie die Gruftkapelle der letzten Königsdynastie der Bragança, die Portugal 1640–1910 regierten.

**Avenida da Liberdade

Lissabons Champs-Elysées mit 1,3 km Länge und 90 m Breite beginnt an der **Praça dos Restauradores ❽**. Der Ausbau der Prachtstraße seit 1879 war der Auftakt zu einer groß angelegten Stadterweiterung. Leider hat die Flaniermeile durch Bauspekulation stark gelitten, prächtige Häuser der Jahrhundertwende wurden reihenweise abgerissen.

Ein Abstecher über die Rua Dom Pedro V führt zur **Praça do Principe Real,** einer idyllischen Grünanlage, wo der rekordverdächtige Riesenschirm einer Goa-Zeder Kartenspielern Schatten spendet. Wer exotische Pflanzen liebt, sollte den nahen **Jardim Botânico ❶** besuchen, der schon über 130 Jahre lang besteht. Im Botanischen Garten gibt es neben anderen Exoten zwei mächtige Drachenbäume und eine Palmenallee mit 35 Palmenarten zu bewundern (Eingang Rua da Escola Politécnica 58, tgl. 9–18, im Sommer bis 20 Uhr).

Im Norden der Rotunda zieht sich die grüne Rampe des **Parque Eduardo VII ❹** hügelaufwärts, von vielen Hotels umstanden. Die Terrasse am oberen Ende ist ein ***Miradouro** mit Blick über die Avenida da Liberdade bis zum Tejo. Unterhalb liegt die ***Estufa Fria,** ein Gewächshaus in einem ehemaligen Steinbruch, mit einem Dschungel tropischer Pflanzen zwischen rieselnden Wassern.

Shopping

In der **Rua Dom Pedro V** reihen sich die guten und teuren Antiquitätenläden aneinander. Prächtig anzusehen ist die Belle-Époque-Bäckerei São Roque an der Ecke zur Rua da Rosa.

*Chiado

Der **Elevador de Santa Justa ❿**, 1902 eröffnet, verbindet in der vertikalen Direttissima Unter- und Oberstadt. Oben angekommen, landet man neben der über den Abhang ragenden Ruine der gotischen **Igreja do Carmo ❶**. Die **eindrucksvolle Kirchenruine ist das letzte Mahnmal des großen Erdbebens** von 1755. Sie bildet heute den schönen Rahmen für das Archäologische Museum (Mo–Sa 10–18 Uhr).

Ein angenehmer Platz in luftiger Höhe für **einen Drink mit Panoramablick ist das Chiado Mel** auf der oberen Plattform des Elevador. **Echt gut!**

Vom **Largo do Carmo** mit seinem barocken Brunnenpavillon geht es bergab zum Chiado, dem ehemaligen Literatenviertel, wo den Poeten Denkmäler und Straßen gewidmet sind. Das Traditionscafé **A Brasileira ⓜ** (Hausnr. 120) und die **Pastelaria Bénard** (Hausnr. 104) in der Rua Garrett, noble Geschäfte und Buchhandlungen wie die altehrwürdige **Livraria Bertrand** (Hausnr. 73; seit 1732), die **Oper São Carlos ⓝ** und andere Theater erinnern an Lissabons Belle Époque, als sich die Bourgeoisie hier ein Flanierviertel nach Pariser Vorbild schuf.

Heute ist der Chiado vorwiegend ein Shoppingdistrikt, der sich um die Hauptachse **Rua Garrett** und **Rua do Carmo** konzentriert. Beim Bummeln entdeckt man Ladeninterieurs alten Stils mit Stuck und spiegelnden Vitrinen. Designerläden sind in das rekonstruierte Ensemble am unteren Ende der Rua Garrett eingezogen, wo 1988 ein Brand 18 historische Häuser vernichtet hatte.

Schräg gegenüber dem Portweininstitut bietet ein begrünter Belvedere, der **Miradouro de São Pedro de Alcântara ⓞ**, einen eindrucksvollen Blick über die Unterstadt auf die Burg. Daneben führt eine über hundertjährige Standseilbahn, der **Elevador da Glória,** hinunter zur Praça dos Restauradores.

Essen und Trinken

■ **Cervejaria da Trindade**
Rua Nova da Trindade 20 C
Tel. 213 423 506
www.cervejariatrindade.pt
Das traditionsreiche Bierhaus findet
sich in einem ehemaligen Kloster mit
prächtigen Azulejo-Wänden, auf der
Speisekarte steht klassische portugiesische Küche. ●●

■ **Instituto do Vinho do Porto**
Rua São Pedro de Alcântara 45
Tel. 213 465 080
Rund 170 Portweine können hier zu
moderaten Preisen am Kamin verkostet werden (Mo–Fr 11–24, Sa 14 bis
24 Uhr).

*Bairro Alto

Die Oberstadt sollte man auch
tagsüber nicht links liegen lassen.
Von der Rua Dom Pedro V zweigt
rechts die **Rua da Rosa** ab, die das
Rückgrat des Viertels bildet. Das
Bairro Alto mit seinem fast rechtwinkligen Straßennetz war die
erste planmäßige Erschließung eines neuen Wohngebiets außerhalb
der Stadtmauern im 16. Jh. Es ist
nach der Alfama das älteste Stadtviertel. Östlich der Rua da Rosa
erstreckt sich hangabwärts ein
volkstümliches Quartier mit viel
Atmosphäre, wo sich kleine Läden, Werkstätten und einfache
Weinschenken *(tascas)* aneinanderreihen.

Am Abend

Das **Bairro Alto ist das traditionelle
Ausgehviertel** mit Restaurants, Bars
und (meist touristischen) **Fado-Lokalen**, in denen der Weltschmerz-Blues
Lissabons gesungen wird ❭ S. 122.

Restaurants

Von *sardinhas* bis Sushi variiert das
Angebot der Esslokale. Bei In-Restaurants wie dem schicken und teuren
Pap'Açorda empfiehlt sich eine
Reservierung (**Rua da Atalaia 57,
Tel. 213 464 811**, ●●●).

**Museu Calouste Gulbenkian ℗

Das bedeutendste Kunstmuseum
Portugals ist Teil einer privaten
Stiftung des Erdölmagnaten Calouste Gulbenkian, der seinem
Gastland zum Dank für Exil- und
Steuerkonzessionen 1955 seine
Kunstsammlungen und den Löwenanteil seines immensen Vermögens in Form einer Kulturstiftung vermachte. Das Museum
besitzt erstrangige Werke der europäischen Malerei von der Gotik

Mit dem Elevador de Santa Justa
fährt man hinauf in die Oberstadt

bis zum Impressionismus, französische Interieurs des 18. Jhs. mit Möbeln, Gobelins und Tafelaufsätzen, eine exquisite Sammlung von Jugendstilobjekten des französischen Juweliers René Lalique und eine Abteilung ostasiatischer und islamischer Keramik und Textilien (Av. de Berna 45, Tel. 217 823 000, www.gulbenkian.pt, Di–So 10–18 Uhr, Mo, Fei geschl., Ⓜ Praça de Espanha, Bus Nr. 31).

Museu Nacional de Arte Antiga Ⓝ

Im größten Museum portugiesischer Kunst, eingerichtet in einem Palast des Marquês de Pombal, sind u.a. Werke aus der flämisch beeinflussten Blütezeit der portugiesischen Malerei des 15. und 16. Jhs. zu sehen. Hauptwerk dieser Periode ist der **Flügelaltar des hl. Vinzenz** von Nuno Gonçalvez (um 1460) mit Porträts von Heinrich dem Seefahrer und anderen Zeitgenossen. Eine Kost-

Museu Nacional do Azulejo im Kloster Madre de Deus

barkeit ist auch das **Triptychon mit der Versuchung des hl. Antonius** von Hieronymus Bosch (Rua das Janelas Verdes, www.mnarte antiga-ipmuseus.pt, Di 14–18, Mi bis So 10–18 Uhr, u.a. Bus Nr. 60, 751, Eléctrico 15E, 18E, 25).

*Museu Oriente Ⓡ

Im Mai 2008 eröffnete das Museum, das an die Zeit der portugiesischen Handelspartnerschaft mit Asien erinnert und sehenswerte Exponate aus Indien, Indonesien, Japan und Macao zeigt (Av. Brasília, Doca de Alcântara-Norte, www.foriente.pt, tgl. 10–18, Fr bis 22 Uhr, Bus Nr. 12, 28, 714, 738, 742).

**Museu Nacional do Azulejo Ⓢ

Das Museum, das im 1506 von der Schwester König Manuels, der frommen Leonor, gegründeten Kloster Madre de Deus untergebracht ist, dokumentiert die Entwicklung der für Portugal so charakteristischen Fliesenkunst von den Anfängen bis heute. Besonders bemerkenswert: das über 40 m breite Lissabon-Panorama von 1730, das die Stadt vor ihrer Zerstörung durch das Erdbeben von 1755 zeigt (Rua da Madre de Deus 4, Tel. 218 100 340, www.mnazulejo.imc-ip.pt, Di–So 10 bis 18 Uhr, Bus Nr. 718, 742, 794).

Essen und Trinken

In dem mit Küchenmotiven gefliesten **Museumscafé** oder im begrünten Innenhof kann man eine Kleinigkeit zu Mittag essen.

Shopping

Im angeschlossenen **Museumsladen wird Fliesenkunst des 21. Jhs.** angeboten. Die Kunstwerke werden von Studenten der angeschlossenen Fliesenmalerei-Schule gestaltet.

*Palácio dos Marqueses da Fronteira

São Domingos de Benfica, ein Komplex mit mehreren historischen Gebäuden, liegt am grünen Fuß des Monsanto-Hügels. Dazu zählt als wohl schönster Privatbesitz Lissabons der Fronteira-Palast mit seinen berühmten Gärten, der seit seiner Erbauung im 17. Jh.

derselben Familie gehört. Die ****Gartenanlage** repräsentiert einen Idealtypus des portugiesischen Gartens: geometrisches Buchsbaum-Parterre mit Brunnen und Statuen; ein Ensemble aus Bassin und Gartenpavillon, bedeckt von kobaltblauen Azulejos; exotische Bäume, fliesenverzierte Grotten, Nischen und Mäuerchen (Largo de São Domingos de Benfica 1, Tel. 217 782 023; Führungen: Juni–Sept. 10.30, 11, 11.30, 12 Uhr, Okt.–Mai 11 und 12 Uhr, So, Fei geschl., Bus 72, Ⓜ Jardim Zoológico und mit dem Taxi).

Die Welt der Fliesenkunst: Azulejos

Al-zulaycha oder *zuleija* ist arabisch und bezeichnet ein poliertes Steinchen. Schon im Alten Orient wurden Keramikfliesen hergestellt und als Wandverkleidung benutzt. Die Araber haben die glasierten Fliesen nach Spanien und Portugal gebracht. Die ältesten Azulejos in Portugal (Paço Real in Sintra, Conceição-Kloster in Beja) stammen aus dem 15. Jh. und kommen aus Sevilla. Ihre Oberfläche ist reliefartig, weil man durch Stege oder Furchen das Ineinanderlaufen der Farben verhindern musste, und zeigt meist Ornamentsterne in islamischer Tradition. Im 16. Jh. wurde aus Italien die Majolikatechnik eingeführt, bei der die Farben flächig auf einer Zinkglasur aufgemalt wurden. Aus Italien kamen auch neue Themen, z.B. Figurenszenen der antiken Sagenwelt. Die Motive wurden immer vielfältiger und farbenreicher, mal ornamental, mal naturalistisch. Seit Mitte des 17. Jhs. vollzog sich ein Wandel durch zunehmende holländische Importe. Statt der Mehrfarbigkeit beschränkte man sich nun ausschließlich auf den Kontrast von Kolbaltblau und Weiß und entwickelte eine Vorliebe für szenische Kompositionen.

Im Rokoko (zweite Hälfte 18. Jh.) wurden die Azulejos wieder polychrom und man bevorzugte zarte Töne (z.B. Queluz). Wirklich volkstümlich wurden sie um die Mitte des 19. Jhs. dank industrieller Massenproduktion. Seither hat man mit den glänzenden Fliesen nicht nur Kirchen und Paläste, sondern Innen- und Außenwände aller Art dekoriert, besonders schön im Jugendstil und Art déco. Heute wird an diese reiche Tradition angeknüpft: So wurden die Metro-Stationen der roten Linie (Oriente) mit zeitgenössischen Fliesen von bekannten Künstlern wie Friedensreich Hundertwasser ausgekleidet.

Der Fado lebt!

Wenn in den Fado-Lokalen Lissabons die Fadista, die Fado-Sängerin, im leicht abgedunkelten Raum mit geschlossenen Augen, ihre Finger im Schultertuch vergrabend, ihre rauchige Stimme erhebt und von der nie zu stillenden Sehnsucht, der Saudade, singt, trifft sie die Zuhörer tief ins Herz. Die Portugiesen verdrücken so manche Träne und summen die meist melancholischen Melodien leise mit.

Fado bedeutet Schicksal. Und Fado, so sagt man, ist Ausdruck der melancholischen portugiesischen Seele. Die traditionellen Lieder handeln vom unabwendbaren Schicksal, Liebesschmerz, Verlust der Heimat, Ende der Jugend, vom Abschied für immer. Kein Wunder, dass der Fado, der im frühen 19. Jh. in den Armenvierteln Lissabons entstand und bis heute die Musik Lissabons ist, auch mit dem afroamerikanischen

Blues verglichen wird. Als Portugal nach der Nelkenrevolution einen wirtschaftlichen Aufschwung erlebte, nahm das Interesse am schwermütigen Fado zunächst ab. Doch heute ist er populär wie eh und je und wurde im Jahr 2011 zum immateriellen Kulturerbe der UNESCO gewählt.

Amália & Co.

Die Fado-Ikone Amália Rodrigues war ein Kind der Lissabonner Altstadtgassen. Aus ärmlichen Verhältnissen kommend schaffte sie mit ihrer einzigartigen Stimme und ihrem Charisma einen kometenhaften Aufstieg. Als erster Fadista gelang ihr der Sprung auf internationale Bühnen. Sie wurde in den 1960er- und 1970er-Jahren zur musikalischen Botschafterin Portugals, der man Melodien und Texte auf den Leib schrieb. 1999 wurde ihr mit dem Musical »Amália« ein Denkmal gesetzt.

Die Enkelinnen von Amália – Mariza, Mísia, Mafalda Arnauth oder Christina Brancos – präsentieren den Fado ganz neu: frisch, jung und zeitgemäß. Mísia, deren Markenzeichen ein kreidebleich geschminktes Gesicht mit knallroten Lippen ist, beendete die Ära der Herzschmerztexte und vertonte Gedichte namhafter Literaten. Andere Fadistas entwickelten die Kunstform auch musikalisch weiter – mit elektronischen Klängen oder brasilianischen Elementen. Der Fado klingt heute als Spiegel des portugiesischen Lebensgefühls längst nicht mehr verzweifelt, sondern ziemlich selbstbewusst. Und die neuen Fado-Stars sind weit über Portugals Grenzen hinaus bekannt.

Die Gruppe Madredeus öffnete mit ihrer Mischung aus portugiesischer Folklore, Fado und elektronischen Klängen viele Ohren für portugiesische Musik und weckte Interesse am Fado. Berühmt wurde Madredeus mit ihrer charismatischen Sängerin Teresa Salgueiro, die die Gruppe 2008 verließ, um sich ihrer Solokarriere zu widmen, durch den Soundtrack zu Wim Wenders Film »Lisbon Story«.

Coimbra-Fado – die studentische Variante

Besingen in Lissabon hauptsächlich Frauen die Schönheit ihrer Stadt, so wird der Coimbra-Fado ausschließlich von Männern vorgetragen. Die in der Universitätsstadt beheimateten Lieder waren Ausdrucksmittel der Studenten, und diese waren bis zur Nelkenrevolution fast nur junge Männer.

Ihre Balladen besingen die Liebe, das studentische Leben und übten in Zeiten der Diktatur versteckt politische Kritik. Das Revolutionslied »Grândola, Vila Morena«, wurde komponiert und getextet von José Afonso, einem Fadista aus Coimbra.

Fado-Lokale

In Lissabon: Die meisten Fado-Lokale findet man in den Gassen des Bairro Alto und der Alfama.

■ **Casa de Linhares**
Beco dos Armazens do Linho 2
Tel. 218 865 088
www.casadelinhares.com
Manchmal tritt Celeste, die hochbetagte Schwester von Amália Rodrigues, auf. Gutes Essen, stilvolles Ambiente.

■ **Sr Fado**
Rua dos Remedios 176
Tel. 218 874 298][**www.sr-fado.com**
Gute Küche trifft auf raue Kehlen im familiär-authentischen Alfama-Lokal.

Fado-Lokale **in Coimbra:**
■ **Á Capella**
Rua Corpo de Deus][**Tel. 239 833 985**
Wein, Snacks und Balladen.
■ **Diligência**, Rua Nova 30,
Tel. 239 827 667, und O Trovador, **Largo da Sé Velha 1, Tel. 239 825 475,**
sind klassische Studentenkneipen.

Fado-Museum

Alles über Fado, seine Geschichte, die Sänger und Begleitinstrumente erfährt man in Lissabons **Casa do Fado e da Guitara Portuguesa,** Largo do Chafariz de Dentro (Di–So 10–13, 14–18 Uhr).

8 ***Belém – im Zeichen der Seefahrt

Von der Innenstadt aus kann man bequem mit der Bahn ab Cais do Sodré (Achtung: Schnellzüge halten nicht in Belém), mit Bus Nr. 727, 729, 28 oder dem Eléctrico 15 nach Belém fahren.

***Mosteiro dos Jerónimos

Das Hieronymitenkloster ist das herausragende historische Bauwerk Lissabons. Zusammen mit der berühmten **Torre de Belém** (s.u.) hat es als einziges großes Denkmal aus dem goldenen Zeitalter der Entdeckungen das Erdbeben von 1755 überdauert.

Der Baukomplex lag einst unmittelbar am Ufer beim Restelo-Hafen, von dem aus die portugiesischen Karavellen zu ihren Erkundungsfahrten aufbrachen. Hier stand zuvor eine kleine Marienkapelle, in der Vasco da Gama in der Nacht vor seinem Aufbruch nach Indien am 8. Juli 1497 betete und in der ihn sein König, Manuel I., nach der glorreichen Rückkehr im September 1499 empfing. Zum Dank für die Entdeckung des Seewegs nach Indien ordnete der König den Neubau des Seefahrerklosters an, zu dem 1500 der Grundstein gelegt wurde. Die ursprünglich geplante Anlage wurde nie vollendet.

Der Außenbau ist wenig gegliedert bis auf das **Südportal,** das wie eine riesige Monstranz 32 m hoch aufwächst, das prächtigste Portal aus manuelinischer Zeit ❯ S. 102. Der Entwurf hat die Hieronymus-Legende zum Thema. Er stammt von João de Castilho, dem wichtigsten manuelinischen Baumeister. Der eigentliche Eingang liegt unter der westlichen Vorhalle. Nicolas de Chanterène schuf mit dem **Westportal** 1517 sein Meisterwerk. In porträtartig realistischer Darstellung knien König Manuel I. und seine Gemahlin Maria von Kastilien in Begleitung der Heiligen Hieronymus und Johannes des Täufers unter den Bethlehem-Szenen (port. Belém = Bethlehem) im Bogenfeld.

Überraschend weit und zart zugleich ist der **Innenraum,** eine spätgotische Halle (25 m x 27 m x 25 m), gestützt durch unwahrscheinlich dünne, hohe Pfeiler von nur 1 m Durchmesser. Diese achteckigen Pfeiler sind

---

Das Wahrzeichen

==Weiß schimmernd wie ein Wasserschloss== erhebt sich das berühmteste Wahrzeichen Lissabons am Ufer des Tejo: die **Torre de Belém** mit schönem Ausblick von der oberen Terrasse. Die manuelinische Bastion, die wie ein Schiffsbug zur Flussseite vorspringt, bewachte die Hafeneinfahrt. An den Zinnen prangt das Kreuz der Christusritter, die Türmchen lassen auf indische Einflüsse schließen. In den Kasematten schmachteten einst Gefangene, noch im 19. Jh. traf dieses Schicksal politische Gegner König Miguels. Heute ist das Gebäude Weltkulturerbe (tgl. 10–17, im Sommer bis 18 Uhr).

Der wunderschöne Kreuzgang des Mosteiro dos Jerónimos

über und über mit feinteiligen Renaissanceornamenten überzogen, während sich über die Gewölbe ein dekoratives Rippennetz breitet. Noch kühner ist die stützenlose Konstruktion des Querschiffs, dessen Wölbung von den Vierungspfeilern bis zur Chorwand eine lichte Weite von 29 m überspannt. Im Kontrast dazu steht der ernste, schmuckarme Renaissancechor (1551) von Diogo de Torralva, ein marmornes Pantheon, in dem steinerne Elefanten die Sarkophage Manuels I., seines Sohnes João III. und ihrer Frauen tragen. Wie in Batalha und Alcobaça ist der Triumphtempel gleichzeitig Totentempel. Für den letzten König der Dynastie Aviz, Dom Sebastião, steht ein Kenotaph im Querhaus, unter der Empore der Sarkophag Vasco da Gamas. Der Sarkophag für den an der Pest gestorbenen und in einem Massengrab verscharrten Dichter Luís de Camões ist leer.

Eines der schönsten manuelinischen Denkmäler ist der **Kreuzgang (Claustro). Hier geht es nicht um Form und Harmonie, sondern um Rausch und Verzauberung. Ursprünglich – als sich seine Bogengänge in einem weiten Wasserbecken mit Insel spiegelten – glich er eher einem fürstlichen Palasthof als einem Wandelgang für Gebete (Praça do Império, Mai–Sept. Di–So 10 bis 18.30, sonst bis 17 Uhr, www.mosteirojeronimos.pt).

Rundgang in Belém

Westlich des Klosters erhebt sich der moderne Marmorkoloss des **Centro Cultural de Belém,** ein Konzert- und Veranstaltungszentrum mit dem **Museu Colecção Berardo** (www.museuberardo.com, tgl. 10–19, Fr bis 22 Uhr).

Mit dem klotzigen **Padrão dos Descobrimentos,** dem Denkmal der Entdeckungen am Tejo-Ufer, beschwor die Salazar-Zeit noch

Denkmal der Entdeckungen

Parque das Nações

Das Gelände der EXPO 1998 lockt weiterhin Besucher an: Das spektakuläre Meeresaquarium **Oceanário** ist ein Publikumsmagnet für Jung und Alt (www.oceanario. pt, tgl. 10–18, im Sommer bis 19 Uhr). Das **Einkaufszentrum** **Vasco da Gama ist ein Shoppingtempel der Superlative.** Konzerthallen und Freilichtbühnen, Bars und Restaurants ergänzen das Angebot und nicht zuletzt hat der Parque das Nações einige Perlen zeitgenössischer Architektur zu bieten. Wer mit der Metro anreist (Ⓜ Oriente), steigt am ****Bahnhof Oriente** aus. Das luftige Dach des Lissabonner Bahnhofs lässt an einen Palmenwald denken. Schöpfer dieses architektonischen Highlights ist der Spanier Santiago Calatrava.

Ein neues Wahrzeichen der Stadt ist der 145 m hohe Aussichtsturm mit Stahlfachwerk, **Torre Vasco da Gama,** der an den Entdecker des Seewegs nach Indien erinnert, wie auch die Schrägseilbrücke **Ponte Vasco da Gama.** Die sechsspurige Autobahnbrücke entlastet den Großraum Lissabon und verbindet das Gelände direkt mit dem Flughafen. Mit 17 km Länge ist sie die längste Brücke Europas und eine der längsten der Welt.

einmal pathetisch die Entdeckerjahre und meißelte u.a. Heinrich den Seefahrer, Vasco da Gama und König Manuel I. überlebensgroß in Stein. Von der Aussichtsterrasse gewinnt man einen tollen Überblick über Belém und die andere Seite des Tejo (www.padrao descobrimentos.egeac.pt, tgl. 10 bis 18, im Sommer bis 20 Uhr).

Am Ende der Rua de Belém liegt der rosafarbene **Palácio de Belém,** in dem der Präsident residiert. Die ehemalige königliche Reithalle daneben beherbergt das Kutschenmuseum ***Museu Nacional dos Coches** (Di–So 10 bis 18 Uhr). Mehrere Adelssitze und der oberhalb gelegene ehemals königliche ***Ajuda-Palast** (Museum) zeugen von der noblen Vergangenheit des früheren Vororts.

Café

In der Rua de Belém lockt das Konditorei-Café Pastelaria de Belém. Die altportugiesische Institution stellt seit 1837 eine hauseigene Spezialität her: **köstliche Pastéis de Belém, Blätterteiggebäck mit Vanillecreme.**

Info

◼ Info ATL

Palácio Foz, Praça dos Restauradores
www.atl-turismolisboa.pt
Filialen: Flughafen, Bahnhof Santa
Apolónia, Miradouro de Santa Luzia

■ **Kiosk der Agentur ABEP**
Praça dos Restauradores
Tel. 213 475 824
Hier gibt es Tickets für Veranstaltungen von Kino bis Konzert.

■ **Flughafen: Portela**, 13 km nördlich; alle 20 Min. fährt der Aerobus ins Zentrum und zu den großen Hotels, Taxi ca. 15 €, mit Taxi Voucher 14–16 €.

■ **Häfen:** Fähren ab Praça do Comércio (Estação Fluvial) und ab Cais do Sodré nach Cacilhas und Barreiro.

■ **Bahnhöfe:** Estação Santa Apolónia, Schnellzüge nach Norden, Osten (Coimbra, Porto, Guarda, Marvão, Elvas sowie nach Spanien) und Süden.
Estação Cais do Sodré: Vorortbahnen nach Cascais und Estoril (via Belém).
Estação do Rossio: nach Sintra und Figueira da Foz.

■ **Stadtverkehr:** Dichtes Busnetz; interessante Tramlinien: Nr. 28, 15, 25; schnell, billig und gut ausgebaut ist die Metro. Taxis sind preiswert. Lohnend: der Erwerb der **Lisboa Card** › S. 112.

Hotels

Die großen Hotels liegen nahe der Praça Marquês de Pombal, die schönsten im Viertel Lapa.

■ **Lapa Palace**
Rua do Pau da Bandeira 4
Tel. 213 949 494][**Fax 213 950 665**
www.lapapalace.com
Die Nummer eins: luxuriöses Palais, preisgekröntes Restaurant, Wellnesscenter – alles vom Feinsten zum entsprechenden Preis. ●●●

■ **Avenida Palace**
Rua 1° de Dezembro 123
Tel. 213 218 100][**Fax 213 422 884**
www.hotelavenidapalace.pt
Elegantes Hotel mit dem Flair der Belle Époque (1892) neben dem Bahnhof Rossio. Hier stieg schon Thomas Manns Romanheld Felix Krull ab. ●●●

■ **Hotel Bairro Alto**
Praça Luís de Camões 2
Tel. 213 408 288
www.bairroaltohotel.com
Elegantes Stadthaus aus dem 19. Jh. in Toplage zwischen Bairro Alto und Chiado, stilvoll renoviert. Lounge-Bar auf dem Dach mit tollem Blick. ●●●

■ **Metrópole**
Rossio 30
Tel. 213 219 030][**Fax 213 469 166**
www.almeidahotels.com
Kleines, aber feines Haus am Rossio. Toller Blick, stilvolles Ambiente. ●●●

■ **York House**
Rua Janelas Verdes 32
Tel. 213 962 435][**Fax 213 972 793**
www.yorkhouselisboa.com
Im ehemaligen Kloster mit Gartenhof tankt man Ruhe inmitten der Großstadt. Gutes Restaurant. ●●●

■ **Fontana Park Hotel**
Rua Eng. Vieira da Silva 2
Tel. 213 576 212][**Fax 213 579 244**
www.fontanaparkhotel.com
Superschickes Designhotel (Architekten: Aires Mateus) im Saldanha-Viertel. ●●●

■ **Evidência Tejo**
Rua dos Condes de Monsanto 2
Tel. 218 866 182][**Fax 218 865 163**
www.evidenciatejo.com
Gelungene Melange aus alten und modernen Elementen. Punktet außerdem durch die zentrale Lage. ●●

■ **Residencial Alegria**
Praça de Alegria 12
Tel. 213 220 670
www.alegrianet.com
Das alte Stadthaus mit 35 Zimmern in Zentrumsnähe wurde liebevoll renoviert. ●-●●

■ **Lisbon Lounge Hostel**
Rua de São Nicolau, 41
Tel. 213 462 061
www.lisbonloungehostel.com
Jugendhotel in trendigem Design, in dem sich auch Familien und ältere Semester wohlfühlen. Laut »The Times« weltbestes Boutique-Hostel. Günstige Schlafplätze im Mehrbettzimmer sowie Doppelzimmer. Nahe Rossio. ●

■ **Campingplatz: Lisboa Camping**
Parque Florestal de Monsanto

Nightlife-Spots

■ **Noo Bai:** Miradouro Santa Catarina, **www.noobaicafe.com**. Schicke Café-Bar mit tollem Blick über Altstadt, Hafen und Tejo.

■ **Portas Largas:** Kleine Bar mitten im Bairro Alto, wo sich nach Mitternacht bei angesagter Musik eine kunterbunte Szene trifft. Anschließend geht man ins **Frágil** gegenüber zum Tanzen (**Rua da Atalaia 126, Tel. 213 469 578**).

■ **Pavilhão Chinês:** Zwischen Nippes und Kitsch treffen sich hier die Nachtschwärmer – skurril und garantiert nicht langweilig (**Rua Dom Pedro V 89, Tel. 213 424 729**).

■ **Bar Artis:** In der Bar mit kleiner Tanzfläche taucht man bei heißen Rhythmen in die afrikanische Szene ein (**Rua do Diário de Notícias 95, Tel. 213 424 795**).

■ In den **In-Diskotheken am Tejo-Ufer** von Alcântara bis zum Bahnhof Santa Apolónia tanzt man bis in den frühen Morgen hinein. Ein Tipp: das **Lux** (**Av. Infante Dom Henrique, Armazém A, Tel. 218 820 890**), wo so mancher Star-DJ richtig einheizt.

Tel. 217 628 200
www.lisboacamping.com
Ganzjährig geöffnetes Campinggelände im Park von Monsanto.

Restaurants

Unzählige kleine Restaurants bieten in der Stadt ein gute, preisgünstige Küche, und **zur Mittagszeit gibt es überall preiswerte Pratos do dia.**

■ **Alcântara Café**
Rua M. Luísa Holstein 15
Tel. 213 637 176
In-Lokal mit Loft-Atmosphäre im Hafenviertel (reservieren!). Später wechselt man in die benachbarte Diskothek **Alcântara Mar** (Do–So). ●●●

■ **Gambrinus**
Rua das Portas de Santo Antão 23
Tel. 213 421 466
www.gambrinuslisboa.com
Seit 1936 eine beliebte Adresse. Im Fokus stehen Fisch und Meeresfrüchte. **Preiswerter speist man mittags an der Bar** (tgl. 12–1.30 Uhr). ●●●

■ **Restaurante Eleven**
Rua Marquês de Frontera
Tel. 213 862 211
www.restauranteleven.com
Hier kocht der Deutsche Joachim Koerper auf Sterneniveau portugiesisch-mediterrane Küche. Tipp: die Mittagsmenüs. So Ruhetag. ●●●

■ **Bica do Sapato**
Av. Infante Dom Henrique
Cais da Pedra][**Tel. 218 810 329**
Das Szenerestaurant bietet Sushi-Bar und Blick auf den Tejo. ●●

■ **Taberna Ideal**
Rua da Esperança 112
Tel. 213 962 744
Regionalküche nach Großmutters Rezepten von den Enkelinnen mit viel Charme serviert. ●—●●

Die Umgebung von Lissabon

*Mafra ❷

Die gigantische Klosterresidenz Mafra beherrscht die karge Hochebene, die sich gen Norden ausdehnt. Bauherr des **Kloster-Palastes** (Bauzeit 1717–1730) von Mafra, 20 km nördlich von Sintra an der N 9, war der Barockfürst João V. Das Votivkloster stellt den ehrgeizigen Versuch dar, Spaniens Escorial in den Schatten zu stellen. 50 000 Männer wurden zum Frondienst gezwungen. Finanziert wurde der Riesenbau mit Gold und Diamanten aus Brasilien. Hinter der 220 m langen Hauptfassade liegen 880 kaum jemals bewohnte Räume. Die Anlage ist 40 000 m² groß, die Schlosskapelle (geweiht 1730) hat die Maße einer Kathedrale.

In der Bauhütte von Mafra wurde unter Leitung des aus Deutschland stammenden Architekten Johann Friedrich Ludwig ❯ S. 39 und anderer importierter Baukünstler eine Generation portugiesischer Baumeister und Kunsthandwerker ausgebildet, u.a. Portugals größter Barockbildhauer Joaquim Machado de Castro.

Der majestätische Komplex ist symmetrisch um die Basilika komponiert; die Baumassen werden durch die Hauben der Eckpavillons und Türme sowie die Kirchenkuppel akzentuiert. Die interessantesten Räume des Klosters, in dem 300 Mönche lebten,

sind Apotheke, Hospital, Schlafsaal und Küche, insbesondere aber die *Bibliothek im Ostflügel mit 30 000 Bänden, darunter die Erstausgabe der Lusiaden ❯ S. 40 (Mi–Mo 10–17 Uhr, zweistündige Führungen; Tourismusbüro im Südturm).

Buch-Tipp José Saramago, **Das Memorial,** Hoffmann & Campe. Der 1982 erschienene blasphemisch-humoristische Liebesroman, der von dem Klosterbau in Mafra im 18. Jh. handelt, begründete den Ruhm des 2010 verstorbenen Nobelpreisträgers.

Info

■ **Turismo**
Av. 25 de Abril 3][2640-456 Mafra
Tel. 261 812 023
■ **Bus:** ab Praça Marquês de Pombal bzw. Campo Grande, Lissabon und ab Sintra/Bahnhof.

**Queluz ❸

Der beschwingt anmutende Rokoko-Bau (ab 1747) rahmt mit seinen Flügeln die *Gartenanlage des Franzosen Jean-B. Robillon mit Buchsbaum-Parterres, Statuen und Brunnen. Durch den Garten führt ein Kanal, der mit zart bemalten Rokoko-Azulejos verkleidet ist (Mi–Mo 9.30–17 Uhr; Bahnlinie Lissabon–Sintra).

Die benachbarte staatliche portugiesische Kunstreitschule zeigt von Mai bis Oktober jeden Mittwoch um 11 Uhr **eine einstündi-ge Parade** außerhalb und inner-halb des Schlossparks. Tägliches Training Mo–Fr 10–13 Uhr.

 Die Konzerte der Noites de Queluz finden wöchentlich nach-mittags oder abends von Mai bis Oktober statt, manchmal in histo-rischen Kostümen; Info beim Tu-rismo in Sintra. Bus: ab Sintra/Bahnhof und ab Campo Grande/Lissabon.

Restaurant

Cozinha Velha
Queluz][**Tel. 214 356 158**
www.pousadas.pt
Renommiertes Restaurant der **Pousada D. Maria I** in der ehemaligen Palast-küche von Queluz, beliebt bei den Hauptstädtern. Auf der Speisekarte u.a.: Seezunge und Stockfisch. ●●●

Sommerfrische

Wenn in ganz Portugal die Sonne scheint, liegt häufig nur über der *Serra de Sintra ein Wolken-schatten. Weil selbst in der heißen Jahreszeit die Temperaturen nicht Lissabons Hitzegrade erreichen, ist das kleine Küstengebirge seit Jahr-hunderten beliebte Sommerfrische. Besonders von englischen Poeten, allen voran Lord Byron, ist das grü-ne Paradies, in dem das mildfeuch-te Mikroklima die Pflanzen sprie-ßen lässt, gepriesen worden. Als der romantische Landschaftsgarten im 19. Jh. in Mode kam, verewig-ten sich hier betuchte Hobbybota-niker mit berühmten exotischen Parks.

 **9** ***Sintra** 4

Die alte Maurenstadt, deren Fes-tung der erste König Afonso Hen-riques 1147 stürmte, war seit dem Mittelalter Sommerresidenz der portugiesischen Könige und des Adels. Noch heute entdeckt man reizvolle Quintas im Schatten von Palmen und Zedern. Sintra und die Serra da Sintra sind als Ge-samtensemble UNESCO-Welt-kultur- und Naturerbe.

*Paço Real

Die königliche Sommerresidenz des 14. bis 20. Jhs. ist ein Konglo-merat verschiedener Bauteile und Stile. Maurische Wohntraditionen spiegeln die um schattige Brun-nenhöfe angeordneten Säle wider, ebenso die halbhohe Wandver-kleidung mit in Sevilla hergestell-ten **Azulejos** des 15./16. Jhs., die reichste Sammlung ihrer Art auf der Iberischen Halbinsel. Ara-bische Einflüsse zeigen auch die geschnitzten **Holzdecken,** die wie hohe Truhendeckel über die Räu-me gestülpt sind – besonders schön die Mudéjar-Decke in der Kapelle, die auch einen exquisiten Keramikboden (15. Jh.) besitzt. Die meisten Räume stammen aus der Zeit Manuels I., der von Sin-tra aus regierte, als die Pest in Lis-sabon wütete (10–17 Uhr, Mi, Fei geschl.).

Vom Eingang des Stadtpalastes erblickt man auf der Höhe über Sintra die Zinnenmauern des *Castelo dos Mouros.* Der Hauptzugang liegt auf halbem Weg zum Palácio da Pena.

Paço Real: Sintra war seit dem Mittelalter Sommerresidenz der Könige

****Palácio und Parque da Pena**

Schloss und Park des »portugiesischen Neuschwanstein« entstanden ab 1840 als königlicher Sommersitz über einer verfallenen Klosteranlage aus manuelinischer Zeit. Die Innenräume sind so zu besichtigen, wie die letzte Bewohnerin, Königin Amélia, sie bei ihrer Flucht aus Portugal 1910 hinterließ. Von dem manuelinischen Kloster wurden der Kreuzgang und die Kapelle mit einem marmornen ***Altarretabel** von Nicolas de Chanterène in den Bau einbezogen (tgl. 10–17, im Sommer bis 19 Uhr, Fei geschl.)

Die Komposition von Burg, Berg und Parkanlage (270 ha) stellt ein frühes Beispiel der romantischen Landschaftsarchitektur des 19. Jhs. dar. Enormen Aufwand betrieb der Bauherr bei der Anlage des riesigen ***Parks,** der sich weit über die Berghänge erstreckt, mit duftenden Rosengär- ten, tropischem Farntal und Teichen, exotischen Pavillons und einem Nadelwald aus japanischen Pinien und chinesischen Eiben.

***Parque de Monserrate**

3 km von Sintra entfernt liegt der berühmteste Park der Gegend, den der englische Millionär Sir Francis Cook in den 1860er-Jahren zusammen mit einem maurisch-gotisch-indischen Märchenschloss anlegen ließ. Gartenplaner und Architekt kamen aus England, das Ganze ist ein Produkt des viktorianischen Orientalismus. Von den einst 3000 Pflanzenarten haben u.a. diverse exotische Baumriesen, 25 Palmenarten, Kamelien- und Baumfarnhaine überlebt. Die Farnbäume aus Australien wurden von Cook importiert und sind seither in den Gärten der Serra heimisch (tgl. 10 Uhr bis Sonnenuntergang).

Mitten im Wald (10 km von Sintra) liegt das ehemalige Eremitenkloster **Convento dos Capuchos** (16. Jh.) mit winzigen korkverkleideten Zellen – ein romantischer Ort für mönchische Askese.

Info

Turismo
Praça da República
Tel. 219 231 157][Fax 219 238 787
www.cm-sintra.pt

Hotels

■ **Hotel Palácio de Seteais**
Av. Barbosa do Bocage 8
Tel. 219 233 200
www.tivolihotels.com
Etwas außerhalb von Sintra in einem Landsitz aus dem 18. Jh. Das besondere Flair hat seinen Preis. ●●●

■ **Pestana Sintra Golf Resort & Spa**
Rua Mato da Mina 19
Tel. 210 424 300
www.pestana.com
Elegantes Golfhotel zwischen Sintra (3 km) und Cascais (7 km). **Wellnesscenter und Schwimmbad sind vom Feinsten.** ●●●

Echt gut!

Surfspot Praia do Guincho

■ **Pensão Nova Sintra**
Largo A. de Albuquerque 25
Tel. 219 230 220][Fax 219 107 033
www.novasintra.com
Zentral (beim Bahnhof) gelegen, aber ruhig. Solides Preis-Leistungs-Verhältnis. ●●

■ **Pensão Sintra**
Travessa Avelares 12
Tel./Fax 219 230 738
www.residencialsintra.blogspot.com
Alte Villa in São Pedro de Sintra in sehr schöner Lage mit Garten und Swimmingpool. ●●

Restaurant

Tulhas
Rua Gil Vicente 4][Tel. 219 232 378
Rustikales Ambiente, gute Fisch- und Fleischgerichte (Mi geschl.). ●●

Shopping

Nach **São Pedro de Sintra** strömen Ausflügler zum Stöbern in den Antiquitäten- und Accessoires-Shops. Jeden 2. und 4. So im Monat lockt ein bunter Textil- und Trödelmarkt.

*Cabo da Roca 5 und Guincho 6

Am **Cabo da Roca,** dem westlichsten Punkt des Kontinents, kann man sich an der Steilküste ordentlich den Wind um die Nase wehen lassen.

An Lissabons Sonnenküste liegt der schöne Strand **Praia do Guincho,** wo sich bevorzugt Body-, Kite- oder Windsurfer tummeln. Seine **weißen Sanddünen sind die perfekte Kulisse für den Ritt auf den Wellen.**

Restaurants

An der Felsküste zwischen Cascais und Praia do Guincho liegen mehrere gute Fischrestaurants.

■ **Mestre Zé**
Estrada do Guincho
Tel. 214 870 275
Feinschmecker kommen im guten und teuren Mestre Zé auf ihre Kosten. ●●●

■ **Fortaleza do Guincho**
Estrada do Guincho
Tel. 214 870 491
www.guinchotel.pt
Als beste Adresse für Gourmets weit und breit gilt das Restaurant des gleichnamigen Luxushotels, das in einer alten Festung liegt. ●●●

*Costa do Estoril

Die Küste ist von felsigen Partien durchsetzt, die von der kraftvollen atlantischen Brandung gepeitscht werden, besonders dramatisch in der **Boca do Inferno,** einer »Höllenschlund« genannten Meerwasserhöhle mit 20 m hohen Klippen. Wundervolle Ausblicke in die Tejo-Mündung mit dem Stadtgebiet Lissabons auf der einen und den Küsten der Halbinsel Setúbal auf der gegenüberliegenden Seite eröffnen sich an diesem Küstenabschnitt.

Cascais ❼

Obwohl der Badeort längst städtischen Charakter hat, fahren noch heute bunte Fischerboote vom kleinen Hafen aus. Ihr Fang wird täglich auf der *Lota,* der Fischauktion, versteigert. Empfehlenswert ist ein Spaziergang durch die stille Oberstadt und über die Zitadelle

zum schönen Stadtpark **Parque da Gandarinha.** Zur Küste hin liegt die romantische Burg eines Geldbarons aus der Zeit um 1900, das ***Museu Conde de Castro Guimarães** (Di–So 10–17 Uhr).

Im Naturpark Sintra-Cascais liegt der anspruchsvolle **Golfplatz Oitavos Golfe – Quinta da Marinha.** Er eröffnet dem Spieler spektakuläre Blicke aufs Meer (Tel. 214 860 600, www.quintada marinha-oitavosgolfe.pt).

Info

Turismo
Rua Visconde da Luz 14 A
Tel. 214 822 327

Hotel

Casa da Pérgola
Av. Valbom 13][**Tel. 214 840 040**
www.pergolahouse.com
Altportugiesische Oase im Zentrum, Zimmer mit Stuckdecke, romantischer Garten. ●●

Estoril ❽

Von der mondänen Vergangenheit künden noble Villen und Hotels. Zu ihnen zählt das legendäre Luxushotel **Palácio,** Zufluchtsort für abgedankte Könige, u.a. Umberto von Italien, und im Zweiten Weltkrieg Treffpunkt deutscher und alliierter Geheimagenten. Damals zahlten hier jüdische Flüchtlinge, für die Portugal die letzte Station auf dem Weg nach Amerika war, ihre Hotelrechnung mit Familienschmuck.

Mit Europas größtem Spielcasino, vor dem sich ein grüner Teppich mit Palmensaum ausbreitet,

Hotel Inglaterra in Estoril

mit altmodischem British Touch und einigen der besten Golfplätze Portugals hat sich Estoril eine gewisse Exklusivität bewahrt.

Sporthighlights im April sind das Formel-1-Rennen und Portugals größtes Tennisturnier Estoril Open. Beliebt ist das **Jazzfestival** (Juli, www.estorilportugal.com).

Info

Turismo
Arcadas do Parque][**Tel. 214 664 414**
www.estorilcoast-tourism.com

Hotel

Hotel Inglaterra
Rua do Porto][**Tel. 214 684 461**
www.hotelinglaterra.com.pt
Der schöne Privatpalast (Ende 19. Jh.)
wurde geschmackvoll renoviert. ●●

Sesimbra 🄈

Der Ponte do 25 de Abril führt über die Meerenge auf die Halbinsel von Setúbal. Die Küste gegenüber, die *Costa da Caparica, ist der 20 km lange Volksbadestrand der Lissabonner. `Echt gut`

Bewacht von einer Burg des 13. Jhs. ist die kleine Hafenstadt Sesimbra in erster Linie für ihre guten Fischrestaurants bekannt.

Serra da Arrábida 🄉

Das teilweise für Besucher gesperrte Naturschutzgebiet mit ungewöhnlicher Flora kann auf markierten Wanderwegen erkundet werden. Die Straße nach Setúbal führt mitten hindurch. Auf Kalksandstein wachsen Zistrosen, Thymian und andere würzige Kräuterpflanzen. Außerdem verstecken sich in der Serra viele Vogelnistplätze.

Im Rücken der Serra da Arrábida durchquert die N 379 **Azeitão,** in dessen Umgebung die Trauben für den Moscatel von Setúbal heranreifen.

Shopping

Weinliebhaber sollten einen Stopp in der altehrwürdigen Weinkellerei **J. M. da Fonseca** in **Vila Nogueira de Azeitão 🄀** nicht versäumen, wo einige der besten Weine Portugals gekeltert werden (**Rua José Augusto Coelho 11/13, Tel. 212 197 500, www.jmf.pt**), mit Museum, tgl. 10–12, 14.30 bis 17.30 Uhr.

Hotel

Quinta das Torres
Vila Fresca de Azeitão
Tel. 212 180 001][**Fax 212 190 607**
Am Ortsende liegt in einem Park die
*Quinta das Torres aus dem 16. Jh.,
in der man wohnen und in einem Saal
unter italienischen Azulejos aus der
Renaissance speisen kann. ●●●

Setúbal **12**

Setúbal ist Portugals drittgrößte
Hafen- und Industriestadt
(100 000 Einw.). Zu einem Bummel lädt der schöne Altstadtkern
ein. Die wichtigsten Sehenswürdigkeiten, die *Igreja de Jesús
vom Ende des 15. Jhs., der älteste
Bau mit manuelinischen Stilelementen (Säulen, Chorfenster),
und das **Museu da Cidade** (Altar-
tafeln der Kirche, um 1500) im
angrenzenden Kloster liegen jenseits der Avenida 22 de Dezemb-

*Quinta da Bacalhoa

Historisch interessant wegen der
Azulejos aus dem 16. Jh. ist die
Quinta da Bacalhoa in Vila Fresca
de Azeitão (unweit der N 10, gegenüber vom Busbahnhof). Der
schlichte Renaissancebau mit exotischen Kuppeln und Gartenterras-
sen erinnert an maurische Garten-
paläste. Besichtigen kann man die
*Gärten (Di–Sa 10–17 Uhr), wo
besonders schöne *Azulejos zu
sehen sind, teils in islamisch-geo-
metrischen Mustern, teils mit sze-
nischen Darstellungen im Stil der
italienischen Renaissance.

ro. Von einer Burg (13. Jh.) bekrönt und von einer Stadtmauer
(14. Jh.) bewacht, wurde Setúbal
mehrere Jahrhunderte sehr wohl-
habend durch die Seefahrt.

Info

Turismo
Praça do Quebedo][**Tel. 265 534 402**
www.munsetubal.pt

Restaurant

O Grelhador da Doca
Rua da Saúde 36][**Tel. 265 526 656**
Am Wochenende kommen viele Lissa-
bonner zum Fischessen, Di geschl. ●●

Shopping

Setúbal und Palmela sind das Zentrum
der DOC-Weinregion **Terras do Sado**,
die hochwertige Muskateller-Weiß-
weine produziert. Bislang eher ein Ge-
heimtipp. Unbedingt probieren und
möglichst einige Flaschen einpacken!

Palmela **13**

In Palmela bietet das imposante
Castelo São Felipe Aussichten in
die Serra da Arrábida und die
Bucht. Der Brunnen (18. Jh.) zeigt
das Stadtwappen. Die Kirche São
Pedro ist gänzlich mit Azulejos
(18. Jh.) ausgestaltet. In der Misericórdia-Kirche (1566) wurden
im 17. Jh. Azulejos angebracht.

Hotel

Castelo de Palmela
Tel. 204 895 917][**www.pousadas.pt**
Die Pousada im Schloss (17. Jh.) neben
der Burg bietet viel Komfort. Die Aussicht auf Naturpark und Lagune ist
schwer zu toppen. ●●●

Alentejo

Nicht verpassen!

- Sich in Évora auf einen Bummel durch die Jahrhunderte begeben
- Auf Wochenmärkten nach dem besten Ziegenkäse suchen
- Die Rinde einer Korkeiche streicheln
- In mindestens einer der stilvollen Pousadas das Landleben genießen

Zur Orientierung

Die weite, flachwellige Landschaft des Alentejo ist die am dünnsten besiedelte Region Portugals, wo man seit der Römerzeit Weizen, Korkeichen, Wein und Oliven anbaut. Die meisten Felder waren traditionell in den Händen weniger Großgrundbesitzer, was die Landflucht begünstigte. Auch Agrarkollektive, ein Ergebnis der Nelkenrevolution, brachten keine Lösung. Die Arbeitslosenrate im menschenleeren Binnenland ist nach wie vor die höchste Portugals. Ist das Leben im Alentejo auch hart, Besucher können sich dem Zauber des stillen Landstrichs, in dem die Zeit stehen geblieben zu sein scheint, schwer entziehen.

Zunächst sollte man Évora, die Perle des Alentejo, mit ihren ausgesuchten Kunstschätzen ausgiebig durchstreifen. Dann will der Alto Alentejo, der obere Alentejo, nach Norden hin erkundet werden. Die kühnen Burgen von Marvão und Castelo de Vide wachen über das weite Land. Alte Städte wie Borba und Portalegre liegen auf dem Weg, und immer wieder säumen Korkeichenpflanzungen die Straße. Seit Jahrhunderten wird im Alentejo Wein angebaut – inzwischen auch manch edle Tropfen, die die Weinstraßen, z.B. um Redondo und Vila Viço-

sa, zum Ziel für Weinliebhaber machen.

Zu den Höhepunkten des unteren Alentejo, Baixo Alentejo, gehören Beja mit schönem Stadtkern und Portel, wo man ein Königsschloss der Bragança besichtigen kann. Die Bilderbuchstädtchen Serpa, Moura oder Mértola haben unübersehbare maurische Wurzeln. Dazwischen regiert die Einsamkeit.

Wer ein ursprüngliches Stück Portugal fern der Küsten kennenlernen möchte, ist im Alentejo richtig. Die idealen Domizile unterwegs sind Pousadas und ländliche Unterkünfte, die Einblick in den Alltag gewähren. Beste Reisezeit sind Frühjahr und Herbst, wenn es angenehm warm ist, die Sonne aber nicht erbarmungslos vom Himmel brennt.

Touren in der Region

Alto Alentejo

⑬ Évora › Arraiolos (30 Min.) › Estremoz (30 Min.) › Alter do Chão (1 Std.) › Alpalhão (40 Min.) › Castelo de Vide (30 Min.) › Marvão (30 Min.) › Portalegre (20 Min.) › Elvas (1,5 Std.) › Borba (45 Min.) › Vila Viçosa (15 Min.) › Redondo (30 Min.) › Évora (30 Min.)

Felder mit Korkeichen: eine typische Landschaft im Alentejo

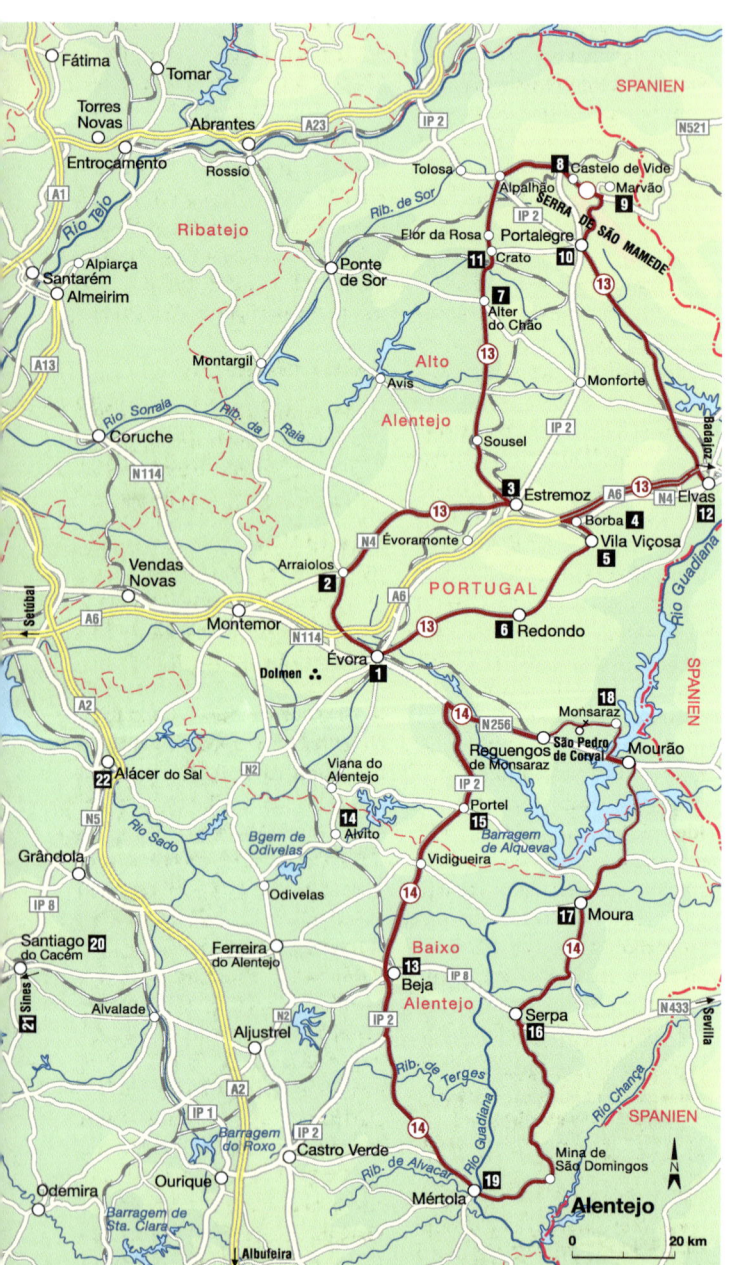

Dauer: 2 Tage; Gesamtfahrzeit ca. 7,5 Std.
Praktische Hinweise: Diese Tour ist nur mit dem Pkw durchführbar. Für die Stadtbesichtigung von Évora kann man gut einen ganzen Tag einplanen.

Zu Beginn der Tour steht der Besuch von ***Évora › S. 140 auf dem Programm. Das wunderschöne Stadtbild steht als Weltkulturerbe unter dem Schutz der UNESCO. In der Universitätsstadt, wo auch die altehrwürdige Hochschule aus der Spätrenaissance eine Sehenswürdigkeit ist, wandelt man auf den Spuren der Römer, Mauren, Tempelritter und des portugiesischen Hofs. Nach der Besichtigung von Évora wendet man sich der Teppichstadt **Arraiolos** › S. 141 und der Marmorstadt *Estremoz › S. 141 zu. Am Lusitanergestüt *Alter do Chão › S. 144 und Alpalhão vorbei geht es nach **Castelo de Vide › S. 144, wo man es nicht versäumen sollte, die Burg zu erklimmen und durchs ehemalige Judenviertel zu bummeln. In **Marvão › S. 144 genießt man großartige Ausblicke über weite

Teil des Altentejo. Die Altstadt des nahe gelegenen **Portalegre** › S. 144 lockt mit Palästen, die *Serra de São Mamede › S. 144 mit Naturerlebnissen. Der römische Aquädukt ist die Hauptattraktion von *Elvas und auf ca. 8 km noch funktionsfähig. **Borba** › S. 142 **Vila Viçosa** und **Redondo** › S. 143 schließlich sind Teil einer alentejanischen Weinstraße.

Baixo Alentejo

— ⑭ — **Beja › Mértola (1 Std.) › Serpa (1 Std.) › Moura (30 Min.) › Monsaraz (1 Std.) › Portel (1,5 Std.) › Beja (1 Std.)**

Dauer: 1 Tag; Gesamtfahrzeit ca. 6 Std.
Praktische Hinweise: Auch diese Tour erfordert die Flexibilität eines eigenen Pkw.

In **Beja** › S. 145, der zweitgrößten Stadt des Alentejo, lohnt es sich, den schönen Stadtkern ausführlich zu erkunden, bevor man weiterreist nach **Mértola** › S. 147 mit römischen, frühchristlichen und maurischen Spuren im Guadiana-Tal. Über die hübschen Alentejo-Städtchen *Serpa › S. 146 und *Moura › S. 146, in der Nähe des größten europäischen Stausees, gelangt man zur großartigen Festung *Monsaraz › S. 147. Neben dem wunderschönen Ort selbst besticht die umwerfende Aussicht von den Burgmauern auf das weite Umland. In **Portel** › S. 146 schließlich lockt ein Schloss der königlichen Familie Bragança, bevor man nach **Beja** zurückkehrt.

— ⑬ — **Alto Alentejo**
Évora › Arraiolos › Estremoz › Alter do Chão › Alpalhão › Castelo de Vide › Marvão › Portalegre › Elvas › Borba › Vila Viçosa › Redondo › Évora

— ⑭ — **Baixo Alentejo**
Beja › Mértola › Serpa › Moura › Monsaraz › Portel › Beja

Unterwegs im Alentejo

***Évora

Die größte und schönste Stadt des Alentejo wurde von der UNESCO zum Weltkulturerbe erklärt. Trotzdem wirkt die Provinzhauptstadt (50 000 Einw.) **nicht museal, sondern höchst lebendig.** Römer, Mauren und die portugiesischen Könige des Mittelalters prägten die Stadt. Im 16. Jh. entwickelte sich eine lokale Spielart der Renaissance. Wer die Stadt mit ihren 30 Kirchen, Klöstern und Palästen gut kennenlernen will, braucht mehr als einen Tag.

[!] Das Gassenlabyrinth sollte man zu Fuß erkunden und das Auto auf einem der Parkplätze außerhalb der Stadtmauer lassen.

Ein Stadtrundgang beginnt am besten an der ***Praça do Giraldo.** Auf dem Arkadenplatz mit der Kirche Santo Antão (16. Jh.) wurden bis 1821 Opfer der Inquisition hingerichtet. Im **Café Arcadia** beim Renaissancebrunnen kann man sich auf Évora einstimmen.

Die schmale Rua 5 de Outubro führt nach Norden zur Kathedrale ***Sé,** ab 1186 im Übergangsstil von der Romanik zur Gotik errichtet. Sie ist eine der eindrucksvollsten mittelalterlichen Bischofskirchen Portugals. Sehenswert sind ihr gotischer Kreuzgang (14. Jh.), das ***Museu de Arte Sacra** und das ***Museu Regional** im Bischofspalast (beide Di–So 9–12, 14–16.30 Uhr).

Nördlich der Sé steht auf hohem Sockel der ***Dianatempel** mit 14 korinthischen Granitsäulen, **der einzige gut erhaltene Römertempel im Land.** Nach Jahrhunderten der Zweckentfremdung, u.a. als Schlachthaus, wurden die antiken Bauteile vor Ende des 19. Jhs. freigelegt. Am Platz verbirgt sich hinter massigen Mauern die ***Pousada dos Lóios** (s.u.) in einem spätgotisch-manuelinischen Kloster.

Weitere Highlights in der Stadt sind der schöne ***Largo das Portas de Moura** mit einem ***Renaissancebrunnen** mit Erdkugel und der ***Casa Cordovil** im manuelinisch-maurischen Mischstil, die gotische Kirche ***São Francisco** am Stadtpark mit dem Beinhaus und die ***Galeria das Damas** des Manuel-Palastes.

Info

Região de Turismo de Évora
- Rua de Aviz 90][Tel. 266 730 440
- Praça de Giraldo][Tel. 266 777 071
www.visitevora.pt

Hotels

- **Mar De Ar Muralhas**
Travessa da Palmeira 4
Tel. 266 739 300
www.mardearhotels.com/muralhas
Elegant gestylte Zimmer und schönes Restaurant. Im Garten mit Pool kann man wunderbar entspannen, dennoch ist die Lage in der Stadt sehr zentral.

●●●

Der römische Dianatempel in Évora

■ **Convento do Espinheiro**
Hotel & Spa
Apartado 594][Tel. 266 788 200
www.conventodoespinheiro.com
Modernes Design trifft auf 600 Jahre
alte Klostermauern. Hier sollte man
mehr als eine Nacht auf der Durchreise
einplanen – im Refektorium oder im
Kreuzgang wird ausgezeichnete Alen-
tejo-Küche serviert. Der Spa gehört zu
den besten Portugals. ●●●

■ **Évora Hotel**
Av. Túlio Espanca Apartardo 93
Tel. 266 748 800
www.evorahotel.pt
Relativ großes Haus außerhalb der
Stadt mit angenehmen Zimmern und
großem Freizeitangebot. Attraktives
Preis-Leistungs-Verhältnis – vor allem
außerhalb der Hauptsaison. ●●

Restaurants

■ **Fialho**
Travessa das Mascarenhas 16
Tel. 266 703 079
www.restaurantefialho.com
Der Klassiker in Evora: Gehobene
portugiesische Küche seit 1948.
Mo Ruhetag. ●●

■ **Dom Joaquim**
Santo Antão R Penedos 6
Tel. 266 731 105
Eroberte sich mit klassischer Alentejo-
Küche schnell einen Spitzenplatz in der
Region. ●●

Arraiolos 2

Das schmucke Städtchen ca.
20 km nördlich von Évora ist für
seine **uralte Teppichtradition** bekannt. Wer ein hübsches Souvenir
sucht, wird hier fündig. In jedem
der handgearbeiteten Teppiche
steckt wochenlange Arbeit.

*Estremoz 3

Schon von Ferne erblickt man die
von Mauern geschützte Stadt. Vor
ihren Toren wird in Steinbrüchen
der berühmte rosa Marmor von
Estremoz geschlagen, der international bekannt ist. Durch enge,
tunnelartige Stadttore betritt man
heute wie im Mittelalter die Stadt,
die inmitten von Weinbergen
liegt. Hauptanziehungspunkt ist

Eine Ringmauer umgibt Altstadt und Burg von Estremoz

die Burg in der Oberstadt, eine der wichtigsten des Alto Alentejo. Zu bestaunen ist heute noch der mächtige Bergfried (13. Jh.), von dem aus man **ein herrliches **Panorama** genießt.

Traditionelle Erzeugnisse der Stadt sind Keramikgeschirr und Ziegenkäse.

Echt gut!

Hotel

Pousada Rainha Santa Isabel
In der Burg
Tel. 268 332 075][www.pousadas.pt
Hier wohnt man in geschichtsträchtigen Gemäuern – Königin Isabel starb im Jahr 1336 auf der Burg, die bei der Umwandlung in ein Hotel behutsam restauriert wurde. ●●●

Restaurants

Gemütliche Treffpunkte in Estremoz sind am Rossio Marquês de Pombal das **Café Alentejano** (Nr. 15) und das Restaurant **Aguias d'Ouro** (Nr. 27, Tel. 268 333 326).

Shopping

In der Unterstadt auf dem Marktplatz **Rossio Marquês de Pombal** werden samstags u.a. die für die Region typischen, bunt bemalten Tonfiguren *(bonecos)* angeboten.

Borba ▪4

Das von König Dinis I. zur Stadt erhobene Borba (knapp 8000 Einwohner) lebt von seinen Marmorsteinbrüchen und dem Wein **Marquês de Borba** aus den Weinbergen der Umgebung. Von der Burg indes blieben nur Ruinen. Nicht versäumen sollte man jedoch einen Besuch in der Kirche **São Bartolomeu** (16. Jh.) mit einer kostbaren Innenausstattung aus Marmor und schönen Azulejos. Auch der riesige weiße Brunnen in der Stadtmitte (1781) und einige Bürgerhäuser in den Altstadtgassen wurden mit dem edlen Stein erbaut.

Restaurant

A Talha

Rua Mestre Diogo Borba 12
Tel. 965 689 112
Hier sitzt man im urigen Gewölbe mit Blick auf riesige Weinkrüge und genießt die gute alentejanische Küche. So geschl. ●●

*Vila Viçosa ▣

Der hübsche Ort wird von einer weithin sichtbaren Burgruine bekrönt. Ein weiteres Wahrzeichen der Stadt ist das manuelinische Knotentor, **Porta dos Nós.** Durch dieses betritt man den Hof des **Paço Ducal,** des Palastes der Herzöge von Bragança. Eindrucksvoll sind auch die Luxusgefährte im **Kutschenmuseum** nebenan und der üppig gestaltete Schlosspark. Ein Bummel durch die Altstadt führt an zahlreichen Kirchen und Klöstern vorbei.

Die Innenausstattung der **Igreja da Conceição** (17./18. Jh.) mit Azulejo-Dekor und Dornenreliquie in der Sakramentskapelle und die ehemalige Jesuitenkirche **São Bartolomeu** (17. Jh.) sind sehenswert.

Hotel

Pousada Dom João IV

Convento das Chagas
Tel. 268 980 742][**www.pousadas.pt**
Die Zimmer im ehemaligen Nonnenkloster in altehrwürdigem Gemäuer bieten gediegenen Komfort. Die gastronomischen Kreationen können sich schmecken lassen, genauso wie die feinen Weine. Mit Swimmingpool. ●●●

Redondo ▣

Auch über diesem kleinen Ort wacht die Ruine einer Burg. König Dinis hatte sie einst zum Schutz gegen die Spanier errichten lassen. Die **Igreja da Misericórdia** wartet mit einem manuelinischen Chor auf.

Hotels

■ **Convento de São Paulo**
Zwischen Redondo und Estremoz
Tel. 266 989 160

Von der Korkeiche zum Flaschenkorken

Zahllose Bäume, deren knorrige Stämme teilweise ihrer Rinde beraubt sind, säumen den Weg von Lissabon gen Süden. Rund 70 Mio. Korkeichen wachsen zwischen Ribatejo und Algarve – das ist weltweit Spitze. Millionen von Flaschenkorken werden in Portugal Tag für Tag aus der Rinde der knorrigen Bäume gestanzt, rund zwei Drittel des Weltbedarfs an Kork werden in Portugal produziert. Doch bis die Korkeiche geschält werden kann, ist Geduld erforderlich. Mindestens 20 Jahre alt muss die Korkeiche sein, bevor sie erstmals geschält wird, und nach einer Schälung müssen neun Jahre bis zur nächsten vergehen. Das Jahr der letzten Schälung geben die Zahlen auf dem Stamm preis – eine einfache Art der Buchführung: So bedeutet eine 8, dass der Baum 2008 geschält wurde und erst 2017 wieder erntereif ist.

Auf die Bewirtung von Gästen verstand man sich hier schon immer: Einst kehrten im Kloster Mitglieder des Hochadels ein, heute genießen Reisende die alten Gemäuer mit modernem Komfort, Park und Schwimmbad. ●●●

■ **Herdade de Água d'Alte**
Aldeia de Serra 14
Tel. 266 989 170
www.aguadalte.com
Preisgünstiger, aber ebenfalls stilvoll und im Einklang mit der Natur wohnt man auf diesem Bauernhof. Zimmer und Ferienwohnungen, Pool. ●●

*Alter do Chão 7

Über einsame Hügel zieht sich die Straße über Sousel nach Alter do Chão mit einem berühmten Gestüt, wo seit 1748 Lusitanos gezüchtet werden. Die Reit- und Dressurpferde sind eine jahrtausendealte Vollblutrasse. Der hübsche Ort selbst wird von einer Burg überragt.

**Castelo de Vide 8

Der Thermalkurort besitzt ein **Echt gut!** **perfekt erhaltenes, burgbekröntes Stadtbild.** Durch gotische Portale betritt man die Altstadt. Von der zentralen Praça Dom Pedro geht es an der Kirche vorbei zu einem malerischen Platz mit überdachtem Brunnen, **Fonte da Vila** (16. Jh.), und weiter zur **Judiaria,** dem alten Judenviertel mit der ältesten Synagoge in Portugal (14. Jh.). Vom Castelo genießt man einen schönen *Fernblick.

**Marvão 9

Über Serpentinen windet sich der Weg nach Marvão, zur ehemaligen Grenzfestung in 865 m Höhe. Schon allein des Ausblicks wegen lohnt die Fahrt: Das **360°-Panorama über die Serra de Marvão bis nach Spanien** ist grandios. **Echt gut!** Aber auch der Ort unterhalb der Burg hat seinen Charme bewahrt.

Hotel

Pousada Santa Maria
Rua 24 de Janeiro 7
Tel. 245 993 201][**www.pousadas.pt**
Schön gelegen in zwei ehemaligen Wohnhäusern am Ortseingang. Eine besonders gemütliche Pousada mit tollen Ausblicken. ●●

**Portalegre 10 und Crato 11

In **Crato,** dem ehemaligen Hauptquartier der Malteserritter, biegt man ab nach **Portalegre** am Fuß der Serra de São Mamede. Die Kathedrale mit 90 barocken Gemälden und Prunkplätze mit Palästen bestimmen das Bild. Marquês de Pombal gründete hier im 18. Jh. eine Teppichmanufaktur.

Nordöstlich von Portalegre gelangt man auf kurviger Strecke in die zum Naturpark erklärte *Serra de São Mamede,** wo noch ein paar Bären leben sollen. Der Gesamteindruck ist idyllisch: traditionell bewirtschaftetes Bauernland mit kleinen Äckern und Weiden zwischen Kastanienwäldern (die höchste Erhebung: 1025 m).

Marvão war einst eine bedeutende Festung an der Grenze zu Spanien

Liebhaber römischer Architektur stoßen in **Medóbriga**, 11 km von Portalegre entfernt, an der Landstraße westlich der Serra, auf Spuren römischen Lebens.

Info

Região de Turismo
Av. da Estremadura, Espanhola 1 A
Tel. 245 300 770
www.visitalentejo.pt

Hotel

Pousada Flor da Rosa
Tel. 245 997 210][www.pousadas.pt
Das wehrhafte Malteserkloster › S. 29 ist eine noble Pousada. Mittelalter und Moderne vertragen sich vorzüglich. Im Restaurant speist man stilvoll wie einst der Großmeister des Ordens. ●●●

*Elvas 12

Von besonderem Charme ist das schmucke Städtchen mit Befestigungsmauern, die zu römischen und maurischen Zeiten sowie gegen Ende des 17. Jhs. verstärkt wurden. Von Weitem sichtbar sind die **gigantischen Reste eines mehrstöckigen Aquädukts** (31 m hoch und ca. 8 km lang), das die Stadt mit Trinkwasser versorgte und noch heute mit einem Brunnen verbunden ist. Beim Bummel durch die Altstadt sollte man einen Blick in die **Igreja da Assunção** mit manuelinischem Portal (16. Jh.) und kunstvollem Azulejo-Dekor (18. Jh.) werfen.

Echt gut!

Beja 13

Die zweitgrößte Stadt des Alentejo liegt in einer weiten Ebene und ist Zentrum eines Weizenanbaugebiets. Als Pax Julia war Beja eine wichtige Stadt im römischen Lusitanien; die Westgoten machten es zum Bischofssitz. Die Burganlage mit Bergfried geht bis auf die Römerzeit zurück. Das go-

Monsaraz ist eines der hübschesten Bergstädtchen im Alentejo

tisch-manuelinische **Kloster da Conceição** mit schönen *Azulejo-Wänden aus dem 16. Jh. beherbergt das **Museu Regional.** Ein Kleinod ist die Kirche **Santo Amaro** aus westgotischer Zeit. Nicht versäumen sollte man das kleine, aber feine *Museum.

■ **Clube Campo Vila Galé – Herdade da Figueirinha**
Santa Vitória
Tel. 284 970 100][www.vilagale.pt
Minigolf, Reiten, Fischen, Quad-Motorrad fahren und noch viel mehr – Familien und Aktivurlauber fühlen sich in dem ländlichen Hotel, 25 km von Beja entfernt, besonders wohl. ●●

Ausflüge

Alvito 14
Die Kirche von Alvito ist eine der wenigen, die sichtbar auf maurische Ursprünge zurückgeht (vgl. Mértola). Darüber täuschen auch die Azulejos des 17. Jhs. nicht hinweg. Das herrschaftlich auf der Anhöhe gelegene Schloss aus dem 15. Jh. war einst der Stammsitz der Adelsfamilie Alvito.

Portel 15
Im Herzen des sympathischen Landstädtchens steht ein Bragança-Schloss (13. Jh.), das im 16. Jh. nach manuelinischen Ideen umgestaltet wurde. Noch eindrucksvoller als die Architektur ist jedoch der Blick auf das Umland. In der Schlosskapelle kann man den mehrfarbigen Azulejo-Schmuck bestaunen.

*Serpa 16
Über die Landstraße erreicht man gemächlich das typische weiße Alentejo-Städtchen in burgbekrönter Hügellage, in dem die Zeit stillzustehen scheint. Interessant sind die gotischen Kirchen **Santa Maria** und **Santo António** sowie die Stadtmauer.

Hotel

Casa da Muralha
Rua das Portas de Beja 43
Tel. 284 543 150
www.casadamuralha.com
Ein ländliches Schmuckstück (Bed & Breakfast) an der Stadtmauer mit vier rustikalen Gästezimmern. ●●

*Moura 17

An der N 255 duckt sich das Städtchen Moura unter der Maurenburg. Gut erhalten ist das Maurenviertel mit einstöckigen Häuserzeilen und den typischen hohen Kaminen.

Im Norden von Moura entstand der größte Stausee Europas (ca. 250 km²), **Barragem do Alqueva**. In und rund um den See sind zahlreiche Aktivitäten möglich – z.B. Boots- und Radtouren, Reiten, Wandern und Schwimmen.

*Monsaraz 18

Die ehemalige Grenzfestung der Tempelritter thront hoch über der Guadiana-Ebene. Der autofreie Bilderbuchort ist eine Zeitinsel mit weißen Häusern und mittelalterlichen Mauern – ein Höhepunkt jeder Portugalreise.

Hotel

Horta da Moura
4 km Richtung Mourão
Tel. 266 550 100
www.hortadamoura.pt
Schönes Landhotel außerhalb des Ortes im Alentejo-Stil. Besonders Reiter kommen hier auf ihre Kosten. ●●

Restaurant

Restaurante A Grelha
Rua do Covalinho 1–3
Tel. 266 502 840
Keine Sterneküche, aber leckere Gerichte der Region in rustikalem Ambiente. So geschl. ●

Mértola 19

Das Städtchen liegt im Herzen des Naturparks Guadiana-Tal und schmiegt sich terrassenförmig an einen Hang. Die Burg geht auf maurische Zeiten zurück und wurde im Mittelalter zum Grenzschutz gegen Spanien ausgebaut. Die Kirche, Igreja Matriz, aus dem 16. Jh.) wurde auf den Grundmauern einer Moschee erbaut – das verrät ihre Form: flach und gedrungen. Im Kircheninneren gibt es hinter dem Altar eine Nische, die auf einen islamischen Mihrab (Gebetsnische) zurückgeht.

Es gibt ein **römisches Museum** mit Ausgrabungsfunden im Rathaus am Largo Camões, ein **islamisches Museum** mit Keramiken (Rua da Igreja) sowie ein **frühchristliches Museum** (Reste einer Basilika aus dem 5./6. Jh. am Rossio do Carmo), die einen Besuch lohnen und die Geschichte Mértolas sehr anschaulich dokumentieren (Museen tgl. 9–12.30, 14 bis 17.30 Uhr).

Hotel

Herdade de Vale Covo
Guardiana-Tal
Tel. 286 616 181
www.herdade-valecovo.com

Kleines Bed & Breakfast auf einem Bauernhof, Swimmingpool und Bio-Frühstück. ●●

Santiago do Cacém 20

Landschaftlich reizvoll ist die alte Landstraße über Santa Margarida da Serra nach Santiago do Cacém. Von den Ruinen der Ritterordensburg geht der Blick bis zur Küste. Die barocken Herrenhäuser der Altstadt sind eine Augenweide. Über die Korkverarbeitung und den Alltag im Alentejo informiert das *Museu Municipal (Di–Fr 10 bis 12, 14–17, Sa 12–18 Uhr).

Römerfans sollten sich die Ausgrabungen der keltisch-römischen Siedlung *Miróbriga nicht entgehen lassen (EN 120, Di–So 9 bis 12.30, 14–17.30 Uhr).

Ausflug nach Sines 21

Auf den ersten Blick bestimmen Ölraffinerien das Bild von Sines. Eine Erkundung wert ist aber der alte Ortskern, der hoch über den Klippen thront. Hier wurde 1460 Vasco da Gama geboren, der Entdecker des Seewegs nach Indien.

Südlich davon liegt **Porto Covo** mit weißen Häusern, engen Gassen, einem bildhübschen kleinen Dorfplatz und einem Hafen, in dem die Fischerboote schaukeln.

Hier beginnt der **Naturpark Südwest-Alentejo und Vicentinische Küste,** der sich bis hinunter zur Algarveküste zieht. Der Wind pustet oft kräftig, was die Surfer an Stränden wie **Comporta** und **Carvalhal** freut. Familien zieht es eher an Strände wie **Pinheirinho, Galé** und **Alberta Nova,** die zwischen schützenden Klippen liegen. Die kaum berührte Natur rundherum lockt zu Wanderungen (empfehlenswert: der Wanderweg **Lapa de Pombas,** 8,9 km, der sich von Almograve aus südlich zieht). Die **Praia de Almograve** gehört zu den schönsten Stränden der Küste. Ebenfalls sehr sehenswert: das **Kap Sardão,** wo Störche in Klippen nisten.

*Alcácer do Sal 22

Die »Salzburg« thront herrschaftlich über dem Sadotal. Die Burgfestung, seit dem 8. Jh. in maurischer Hand, 1217 von den Christen erobert, wurde im Mittelalter durch das Salzmonopol und das Stapelrecht für Getreide aus dem Alentejo reich. Ein Wahrzeichen sind die Storchennester auf den weißen Kirchtürmen.

Hotel

Pousada Castelo de Alcácer do Sal
Tel. 265 669 610
www.pousadas.pt
In den Mauern der alten Burg kann man in Küstennähe wunderbar entspannen. Sportler finden in unmittelbarer Nähe zahlreiche Betätigungsfelder (Wanderungen, Bootsfahrten, Wassersport, Golf etc.). ●●●

Die Felsküste bei Lagos an der Westalgarve

Algarve

Nicht verpassen!

- Auf der Ilha Deserta köstlichen Reis mit Meeresfrüchten essen
- Im Sete Café von Fußballstar Luís Figo in Marina de Vilamoura eine Erfrischung nehmen
- In den Thermalquellen von Caldas de Monchique baden
- Bei einem Bootsausflug die Küste vom Meer aus bestaunen
- Am Cabo de São Vicente dem Pulsschlag des Atlantiks lauschen

Zur Orientierung

Der Name ist arabisch: Al-Gharb, »der Westen«, nannten die Mauren die abwechslungsreiche Küstenregion, die sie 500 Jahre lang, bis 1250, beherrschten. *O Algarve,* »der« Algarve, sagen auch die Portugiesen. Im Deutschen hat sich hingegen »die« Algarve eingebürgert. Das Ferienparadies ist heute das beliebteste Reiseziel deutschsprachiger Portugal-Urlauber. Das Hotel- und Freizeitangebot ist umfassend und jeder findet hier ein Plätzchen nach seinem Geschmack.

Knapp 200 km Küste gliedern sich in Barlavento, die »dem Wind zugewandte Seite« der Felsalgarve westlich von Faro, und den flachen Sotavento, die »dem Wind abgewandte Seite« der lagunenreichen, stilleren Sandalgarve im Osten.

Die herrlichen Sandstrände und Lagunen der Ostalgarve grenzen am Rio Guadiana an Spanien. Sie wurden weitgehend vom Massentourismus verschont und ziehen ein Publikum an, das die individuelleren Spielarten des Tourismus vorzieht. Die Natur spielt im Naturpark Ria Formosa die Hauptrolle, einem idealen Tummelplatz für Seevögel.

Die wellenumtoste Felsalgarve mit den Touristenzentren Lagos, Portimão und Albufeira wurde dagegen vom großen Tourismusboom der 1980er-Jahre überrollt. Haben auch viele der kleinen Orte seither ihren ursprünglichen Charme verloren, so garantieren doch die herrlichen Strände und die perfekte touristische Infrastruktur ein ungetrübtes Badevergnügen. Und einige der schönsten

Golfplätze Europas ziehen Golfer aus aller Welt an. Die Südwestspitze Portugals, das Cabo de São Vicente, ist stets vom Wind umtost – hier beginnt die Costa Vicentina, wo sich vorzugsweise Surfer tummeln. Sie ist noch zu entdecken.

Die unterschiedlichen Abschnitte der Küste sind ideales Terrain für faszinierende und kurzweilige Entdeckungstouren. Doch sollte man auch unbedingt einen Abstecher ins Hinterland einplanen: Die Serra de Monchique begeistert mit herrlicher Vegetation, hübschen kleinen Städten und dem wiederbelebten Thermalbad Caldas de Monchique, wo Wellnessangebote locken. Das ideale Verkehrsmittel, um die schönsten Plätze an der Algarve zu erkunden, ist zweifellos der Mietwagen. Er erlaubt, anders als die preisgünstigen Regionalbusse, nach Lust und Laune zu verweilen und auch abgelegene

Plätze zu erkunden. Dank des milden Klimas ist die Algarve ein beliebtes Ganzjahresziel. Boomt in den Sommermonaten der Badetourismus, so schätzen Aktivurlauber wie Golfer und Wanderer Frühjahr und Herbst.

Touren in der Region

Buchten und Klippen – die Steilküste

🔴⑮ **Lagos** › **Ponta da Piedade (10 Min.)** › **Cabo de São Vicente (45 Min.)** › **Serra de Monchique (1,5 Std.)** › **Silves (40 Min.)** › **Lagos (1 Std.)**

Dauer: 1 Tag; Gesamtfahrzeit ca. 4,5 Std.
Praktische Hinweise: Ein Leihwagen empfiehlt sich für diese Tour. Bei der Fahrt mit öffentlichen Verkehrsmitteln (EVA-Regionalbusse) gibt es nach Cabo de São Vicente nur selten Verbindungen. Die Serra de Monchique ist mit öffentlichen Verkehrsmitteln nicht direkt von der Küste aus erreichbar.

Buchten und Klippen – die Steilküste   Lagos › Ponta da Piedade › Cabo de São Vicente › Serra de Monchique › Silves › Lagos

Dünen und Lagunen – die Flachküste   Faro › Naturpark Ria Formosa › Tavira › Vila Real de Santo António › Castro Marim › Faro

Am Rio Guadiana, bei Alcoutim

Dünen und Lagunen – die Flachküste

16 Faro › Naturpark Ria Formosa bei Olhão (20 Min.) › Tavira (1 Std.) › Vila Real de Santo António (1 Std.) › Castro Marim (15 Min.) › Faro (2 Std.)

Dauer: 1 Tag; Gesamtfahrzeit ca. 5 Std.
Praktische Hinweise: Auch diese Tour ist mit dem Auto komfortabler. Man kann jedoch auch mit Bussen nach Olhão, Tavira und Vila Real fahren (stündlich), dabei aber die Fahrt nicht im Naturschutzgebiet unterbrechen.

Von der quirligen Kleinstadt *Lagos › S. 159 aus geht es zunächst zur Spitze der Halbinsel **Ponta da Piedade › S. 160 mit ihren bizarren Klippen und an der Costa Vicentina entlang nach *Sagres. Am **Cabo de São Vicente › S. 160 stürzen die Klippen dramatisch ins Meer. Danach wendet man sich dem Hinterland, der *Serra de Monchique › S. 158, zu. Hier lockt ein Naturpark mit über 100 einheimischen Pflanzen- und mehr als 30 Vogelarten.

Nach einer Erkundung der Serra zu Fuß oder per Auto und einem Besuch des Korkmuseums in *Silves › S. 158 erreicht man bei Lagoa die Autobahn A 22, die an Portimão vorbei wieder nach *Lagos › S. 159 führt. Weiter geht es auf der Küstenstraße. Zwischen Carvoeiro und Armação de Pêra an der Steilküste liegen viele kleine Badebuchten. Ein Abstecher führt nach Albufeira › S. 157, wo man wunderbar flanieren oder im Straßencafé entspannen kann. Wer möchte, kann sich gleich ins lebhafte Nachtleben stürzen.

Nach einem kurzen Bummel durch die hübsche Altstadt von *Faro › S. 153 geht es nach Olhão › S. 154, wo man im Fischerviertel Atmosphäre schnuppern kann. Anschließend erkundet man den Naturpark Ria Formosa › S. 154 bei einem Spaziergang. Weiter östlich liegt *Tavira › S. 155. Wer Lust hat, setzt mit dem Boot zum Sandstrand der Ilha de Tavira über (Badepause!), bevor es nach Vila Real de Santo António › S. 156 an der spanischen Grenze weitergeht. Die ehemalige Grenzfestung Castro Marim › S. 156 in der Nähe lockt mit einer pittoresken Ritterburg (14. Jh.). Wer noch Zeit hat, unternimmt einen Abstecher in den küstennahen Naturpark Sapal de Castro Marim oder fährt landeinwärts ins Tal des Rio Guadiana, bevor es wieder zurückgeht nach Faro.

Unterwegs an der Ostalgarve

*Faro ❶

Auf dem Flughafen von Faro landen die meisten Algarve-Besucher, die später ihren Urlaub in einem der schönen Badeorte weiter westlich verbringen. Doch gerade weil die Bewohner der 42 000-Einwohner-Stadt, Hauptstadt der historischen Provinz Algarve, den Touristentrubel weitestgehend ignorieren, lohnt ein Besuch: Hier kann man portugiesischen Alltag schnuppern und nebenbei die kulturellen Höhepunkte des hübschen **Altstadtkerns** rund um die Kathedrale erkunden (Parkplatz Largo São Francisco).

Sehenswert sind die **Carmokirche** (18. Jh., *talha dourada)* und drei Museen: das **Museu Arqueológico** (Di–Fr 10–17.30, Sa/So 14–17.30 Uhr) mit archäologischer Sammlung, das **Museu Marítimo** (Mo–Fr 14.30–16.30 Uhr), in dem man Interessantes über die lokale Fischerei erfährt, und das **Museu Etnográfico** (Mo–Fr 9–12.30, 14–17.30 Uhr), das sich dem traditionellen Leben in der Region widmet.

Info

- **Turismo**
Rua da Misericórdia
(neben dem Arco de Vila)
Tel. 289 803 604][www.cm-faro.pt
Filiale auch am Flughafen.
- **Flughafen:** 7 km westlich von Faro

Hotels

- **Hotel Faro**
Praça de Francisco Gomez 2
Tel. 289 830 830][www.hotelfaro.pt
Modernes Haus mit frischem Styling ohne Schnickschnack, in idealer Lage zwischen Hafen und Altstadt. ●●—●●●
- **Residencial Oceano**
Travessa Ivens 21 (1. Stock)
Tel. 289 823 349][Fax 289 805 590
Freundliche Pension mit gutem Preis-Leistungs-Verhältnis. Zentrale Lage nahe der Fußgängerzone. ●

Restaurant

Sui Genris
Praia de Faro][Tel. 961 563 710
(mobil)][www.suigenris.pt
Szenelokal in Strandnähe im Lounge-Stil. Verwandelt sich nach dem Abendessen in eine Disco. ●●

Ausflüge von Faro

*Milreu und Estói

Nur 10 km von Faro entfernt liegen die römischen Ruinen von **Milreu,** der wichtigsten Ausgrabungsstätte aus der Römerzeit an der Algarve (Mo geschl.). Thermen, ein Heiligtum und mehrere Mosaiken bezeugen eindrucksvoll die römische Herrschaft.

Im Nachbarort **Estói** lockt mit dem **Palácio de Estói** eines der wenigen großen Herrenhäuser des Südens (18. Jh.). Wunderschöne Fliesenbilder, Statuen so-

wie römische Mosaiken aus Milreu kann man beim Spaziergang
durch den bildhübschen, wenn
auch etwas verwilderten *Garten
entdecken.

Ilha Deserta

Flora und Fauna der Sandalgarve
lernt man auf einer Fahrt mit
dem Boot durch die Lagunen-
landschaft zur Ilha Deserta
kennen. Die Strände sind ein Ba-
deparadies. Boote verkehren täglich vom Cais da Porta Nova in
Faro (Tel. 918 779 155, www.ilha-
deserta.com).

Restaurant

Ein besonderer Abschluss des Ausflugs
auf die ansonsten unbewohnte Ilha
Deserta ist ein köstliches Meeresfrüch-
te-Essen im Restaurant O'Estaminé,
Tel. 917 811 856 (reservieren!).

Olhão 2

Sardinen und Thunfisch, nicht
etwa Touristen, spielen in Olhão
(15 000 Einw.), dem zweitgrößten
Fischereihafen an der Algarve, die
Hauptrolle. Das Bild des *Fischer-
viertels bestimmen die Würfel-
häuser mit durchbrochenen Kaminen (18./19. Jh.), die an den
nordafrikanischen Baustil erinnern. Ganz ohne Besichtigungs-
stress kann man in die Atmosphäre des Ortes eintauchen, durch die
Markthallen bummeln und hat
die Qual der Wahl zwischen den
zahlreichen Fischlokalen des Ortes, in denen Schwertfisch, Tintenfisch & Co. frisch aus dem Atlantik serviert werden.

Restaurant

O Tamboril
Av. 5 de Outubro 174
Tel. 289 714 625
Große Auswahl an frischen Fisch- und
Muschelgerichten. ●●

Ausflug zur Ria Formosa

Nur 1 km östlich von Olhão liegt
die Watt- und Marschlandschaft
des Naturparks Ria Formosa, der
landeinwärts in eine Dünenlandschaft übergeht. Bekannt ist sie als
Brutgebiet für zahlreiche Vogelarten wie Störche, Löffler, Silber-
und Seidenreiher. Fischer dürfen
in abgegrenzten Gebieten Mu-
schelzucht betreiben. Die Lagune
ändert ständig ihre Form und die
Küstenlinie. Fahrrinnen verbinden das Binnenwasser mit dem
offenen Meer.

In **Quinta de Marim,** 1 km
östlich von Olhão, wurde das In-
formations- und Forschungszen-
trum des Naturparks eingerichtet
(Tel. 289 704 134, tgl. 9–12.30,
14.30–17 Uhr). Hier nimmt ein
etwa zweistündiger Naturlehrpfad
seinen Ausgang, der mehrere Attraktionen berührt: So erfährt
man, wie einst sogenannte Gezei-
tenmühlen durch den Wechsel
von Ebbe und Flut betrieben wurden. Besucht werden ein Vogel-
weiher, an dem man Wasservögel
beobachten kann, und antike römische Salztanks. Ein Höhepunkt
ist die Zuchtstation der seltenen
portugiesischen Wasserhunde
(cão d'agua). Der Park kann auch

im Rahmen eines Bootsausflugs besichtigt werden.

Ausgangspunkt für Wanderer ist die **Ilha do Faro** hinter dem Golfplatz von Quinta do Lago. Es gibt drei offizielle Wanderrouten (2–3 Std.), von denen eine nur bei Ebbe möglich ist.

⚠ Es ist wichtig, genügend Trinkwasser mitzuführen, da die Wanderstrecke schattenlos ist.

*Tavira 3

Durch grüne Felder mit Mandel- und Johannisbrotbäumen nähert man sich dem pastellfarbenen Städtchen – früher ein Zentrum der Thunfischjagd. Als der Hafen versandete, fiel Tavira jedoch in einen Dornröschenschlaf – zum Glück für die Besucher, die ein Faible für das verträumte Flair des Ortes am Rio Gilão haben.

Vom offenen Meer ist der Ort durch die sandige Landzunge **Ilha de Tavira** getrennt. Hier gibt es **Echt gut!** **einen langen Badestrand und relativ warmes, ruhiges Wasser,** einen Campingplatz und Pendelverkehr zur Fährstation Quatro Aguas, von wo aus man übersetzen kann (Fährverkehr nur im Sommer, 2 km außerhalb).

Info

Turismo
Rua da Galeria 9
Tel. 281 322 511

Hotels

■ **Pousada Cenvento da Graca**
Rua D. Paio Peres Correira
Tel. 281 329 040][www.pousadas.pt

Hinter den Mauern eines Konvents in der Altstadt aus dem 16. Jh. entstand ein stilvolles Hotel. ●●●

■ **Convento de Santo António**
Rua Atalaia 56
Tel./Fax 281 325 632
Das ehemalige Kloster ist heute ein kleines Hoteljuwel mit nur sieben Zimmern. Schön begrünter Innenhof. ●●

■ **Vila Galé Albacora › S. 25.**

Restaurants

■ **Restaurante Quatro Aguas**
Am Hafen
Tel. 281 325 329
Leckere Meeresfrüchte mit Hafenblick. Unbedingt probieren: Krakenfilet mit Reis und Bohnen. Mo Ruhetag. ●●

■ **Ver Tavira**
Lugar de Calçada, Galeria 13
Tel. 281 381 363

Tavira – »Venedig der Algarve«

Die schönsten Strände

- **Vila Praia de Âncora:** Kleines Fischerdorf mit langem, nicht überlaufenem Sandstrand nördlich von Viana do Castelo. Wegen seiner Brandung beliebt bei Surfern, es gibt aber auch ruhige Abschnitte für Schwimmer > S. 71.
- **Figueira da Foz:** Bis zu 1 km breit und mehrere Kilometer lang ist der Sandstreifen nördlich des Traditionsbadeorts Figueira da Foz – so findet trotz großen Andrangs in den Sommermonaten jeder ein Plätzchen für sich. Badezelte schützen vor Sonne und Wind > S. 90.
- **Praia do Guincho:** Body-, Kite- oder Windsurfer tummeln sich bevorzugt am schönen Strand bei Cascais, an Lissabons Sonnenküste. Und weiße Sanddünen sind die perfekte Kulisse für den Ritt auf den Wellen > S. 132.
- **Costa da Caparica:** Ein Lieblingsstrand der Lisboetas. Lange Sandstrände auf der anderen Seite des Tejo > S. 134.
- **Praia Grande von Porto Covo:** Bei mäßiger Brandung kommen im sympathischen Urlaubsort an der Alentejoküste neben den Surfern auch die Schwimmer zu ihrem Recht.
- **Praia da Ilha de Tavira:** Der lange Sandstrand im Naturpark Ria Formosa wird im Sommer von Tavira aus mit dem Boot angefahren. Ein dickes Plus: relativ warmes, ruhiges Wasser – besonders für Kinder ideal > S. 155.
- **Praia da Salema:** Die ruhige und schöne Bucht bietet auch für Kinder ungetrübte Badefreuden > S. 160.

Der junge Küchenchef Luis Santos serviert verfeinerte portugiesische Gerichte. Man speist mit schönem Lagunenblick. ●

Vila Real de Santo António **4**

In der Grenzstadt am Guadiana, den seit 1991 eine Brücke überspannt, findet man statt Badeurlaubern zahlreiche Tagesbesucher aus Spanien. Bemerkenswert ist die Rasteranlage der Innenstadt, die nach den Zerstörungen durch das Erdbeben von 1755 entstand. In den Straßencafés am Hauptplatz sitzt man im Schatten der Orangenbäume und genießt das rege Treiben.

Flussfahrten zwischen Vila Real de Santo António und Foz de Odeleite veranstaltet **Rio Sul** in Monte Gordo (Tel. 281 510 200).

Ausflug nach Castro Marim **5**

Rund um die stille ehemalige Grenzfestung Castro Marim mit der *Christusritterburg aus dem 14. Jh. ziehen sich Salzgärten bis zum Horizont. Zwischen Castro Marim und Vila Real de Santo António erstreckt sich die **Reserva Natural do Sapal de Castro Marim.** Wanderwege führen durch die Marschebene des Guadiana, die Rückzugsgebiet vieler Wattvögel, vor allem Reiher und Störche, und Durchzugsareal von Flamingos ist.

Unterwegs an der Westalgarve

Vilamoura 6

Die Ferienstadt, in den 1980er-Jahren am Reißbrett entworfen, lockt mit einem der größten Jachthäfen Europas und mehreren Golfplätzen. Einen der **ambitioniertesten Golfplätze Europas, den Victoria Clube de Golfe,** schuf der renommierte Golfplatzarchitekt Arnold Palmer (Tel. 289 310 333, www.oceanicogolf.com). Noch exklusiver geben sich das südöstlich gelegene *Vale do Lobo** und ***Quinta do Lago,** wo sich Golfer aus aller Welt beim Putten auf höchstem Niveau treffen.

Info

Turismo
Rua 5 de Outubro
Tel. 289 585 279

Hotel

Boavista
Rua Samora Barros 20
Tel. 289 589 175
www.hotelboavista.pt
Die angenehm ruhige Lage, die schönen, mediterran eingerichteten Zimmer sowie das Restaurant mit Meerblick und der Spa-Bereich punkten. ●●

Restaurant

La Cigale
Praia de Olhos de Agua
Tel. 289 501 637
Fisch und andere leckere Meerestiere werden im schicken Strandlokal serviert. ●●

Am Abend

Sete Café
Marina de Vilamoura
Tel. 289 313 943
Fußballfans sollten einen Besuch in der Bar von Starkicker Luís Figo mit zahlreichen Fotos des Ballkünstlers im Jachthafen von Vilamoura nicht versäumen. Gute Drinks, heiße DJs und natürlich Fußball auf der Großleinwand!

Albufeira 7

In Albufeira, dem »Saint-Tropez der Algarve«, locken unzählige Kneipen, Boutiquen und Diskotheken ein unternehmungslustiges Publikum an. An das einstige Fischerdorf erinnert der schmucke alte Ortskern, dessen weiße Häuser in Terrassen die Steilküste hinaufklettern. Die Strände von

Am Strand von Albufeira

Albufeira sind im Sommer regelmäßig überfüllt.

Eine gute Ausweichmöglichkeit bietet die **Praia da Falésia** 8 km östlich von Albufeira.

*Silves 🎱

Das verschlafene Städtchen im Hinterland der Algarve war unter dem Namen Xelb die Hauptstadt des maurischen Al-Gharb. Daran erinnern die Burganlage und das Museum, aber auch seine Beiträge zur Vegetation – Mandelbäume, die mit ihren Blüten im Februar die Region verzaubern, und Zitrusfrüchte. Die gotische Kathedrale **Sé** wurde nach der Eroberung der Stadt durch die Portugiesen im 13. Jh. erbaut.

Informativ ist ein Besuch im **Korkmuseum Fábrica do Inglês**, das 2001 zum besten Industriemuseum Europas gekürt wurde (Zentrum, tgl. 10–18 Uhr, abends Eintritt bei Veranstaltungen).

*Serra de Monchique

25 km von der Küste entfernt liegt der Höhenzug der Serra de Monchique, berühmt für die dichte Vegetation. Der höchste Berg der Algarve, der **Fóia** (902 m), ist bei gutem Wetter ein erstklassiger Aussichtspunkt, der Blicke über die Küste bis nach Afrika erlaubt.

Im malerisch am Hang (445 m) gelegenen Städtchen **Monchique** kann man Medronho, Schnaps aus den Früchten des Erdbeerbaums, kosten. Würste und Schinken gehören zu den deftigen lokalen Spezialitäten.

7 km weiter liegt der Kurort **Caldas de Monchique 🎱**, der schon während der Römerzeit berühmt für seine Thermalquellen war. In der Gründerzeit entstanden prächtige Villen. Der Ort erstrahlt heute in neuem Glanz und profitiert vom Wellnesstrend.

Silves war einst Hauptstadt eines maurischen Königreichs

Hotels

■ **Complexo Termal Caldas**

Tel. 282 910 910

www.monchiquetermas.com

Rund um den zentralen Thermenkomplex, in dem **verschiedene Spa- und Wellnessprogramme** angeboten werden – darunter eine »Vinotherapie« mit Rotweinbädern und Maischepackungen – sowie Hallenbad, Sauna, Solarium und Dampfbad locken, liegen mehrere Hotels. ●●—●●●

Echt gut!

■ **The Art of Joy**

Estrada da Foia][Tel. 282 912 893

www. theartofjoy.ul

Sympathisches Bed & Breakfast mit herrlichem Küstenblick und Pool – ideal für Wanderer. ●●

Restaurant

Jardim das Oliveiras

Sitio do Porto Escuro

Tel. 282 912 874

Bergrestaurant inmitten von Olivenhainen. Deftige Eintöpfe mit Wildschwein oder Zicklein stehen im Fokus. ●●

Portimão 🔟

Die Hafenstadt an der Mündungsbucht des Rio Arade war lange Zentrum der Sardinenfischerei; in rund 60 Fabriken wurden die Fische als Ölsardinen in Büchsen gezwängt. Die Konservenfabriken wurden wegsaniert und die Fischgründe sind längst nicht mehr so ergiebig wie einst, aber ein bisschen Fischerflair kann man noch am Hafen schnuppern.

Die Küste zwischen Portimão und Faro ist Brennpunkt des Algarve-Tourismus. 2 km südlich des Städtchens liegt der schöne,

1,5 km lange Strand **Praia da Rocha** mit bizarr geformten Felsblöcken, hinter dem sich eine touristische Boomtown entwickelt hat.

Hotel

Bela Vista

Praia da Rocha, Av. Tomás Cabreira

Tel. 282 460 280

www.hotelbelavista.net

An Komfort bleibt der kleine Palast am Strand weit hinter den großen Strandhotels zurück, in puncto Charme hat das Bela Vista jedoch die Nase vorn. ●●—●●●

Restaurants

■ **Boneca Bar**

Algar Seco, nahe Carvoeiro

Tel. 282 358 391

Heißer Tipp für Romantiker. Bei guten, schnörkellosen Gerichten lauscht man dem Rauschen der Wellen. ●●

■ **Dona Barca**

Am Sardinenkai][Tel. 282 484 189

Grilllokal in der Altstadt: Sardinen, Sardinen, Sardinen – schnörkellos, ehrlich und immer gut. ●

*Lagos 🔟

Die alte Hafenstadt war einst das Zentrum der Küste, Umschlagplatz für Waren und Sklaven aus Afrika. Unter den Arkaden der Casa da Alfândega an der Praça da República wurden 1443 die ersten Sklaven versteigert. Hier nahmen auch so manche Entdeckungsreise und der Feldzug König Sebastiãos nach Marokko ihren Ausgang. Dem Erdbeben von 1755 widerstand außer der Festungsmauer die barocke Kirche

*Santo António (17. Jh.) mit ih-
rer prächtigen *Talha*-Ausstattung.

Strände und Buchten

Berühmt sind die Fels- und Sandstrände bei Lagos: *Meia Praia,
*Praia Dona Ana, Praia do Pin-
hão und **Ponta da Piedade.
Rund einstüngige Bootstouren,
die man im Hafen buchen kann,
führen auch zu abgelegenen
Stränden in der Umgebung.

Echt gut! In der schönen Bucht Praia da
Salema an einem der ruhigeren
Abschnitte der Küste können
auch Kinder gefahrlos baden.

11 **Ponta da Piedade

Zerfurcht von zahlreichen
Grotten und dekoriert mit bizarren Felsskulpturen aus rötlichem
Stein präsentiert sich die Land-
spitze bei Lagos. Vom Leuchtturm
oder vom Ausflugsboot aus genießt man herrliche Blicke auf die
Klippen.

Info

Turismo
Rua Vasco da Gama, Lagos
Tel. 282 763 031

Cabo de São Vicente

www.cm-lagos.pt
www.carvoeiro.net

Hotels

■ **Casa de São Gonçalo**
Rua Cândido dos Reis 73
Tel. 282 762 171][Fax 282 762 542
Stilvolle Villa (18. Jh.) mit schönen
Zimmern im Zentrum. Kleiner Patio. ●●

■ **Villa Esmeralda**
Porto de Mós][Tel. 282 760 430
www.villa-esmeralda-algarve.com
Tolle Strandlage unweit der Ponta de
Piedade mit Blick bis Sagres. ●●

*Sagres 🄬

Am Felsvorsprung vor Sagres,
Ponta de Sagres, zieht eine Fes-
tung die Besucher an. Hier ver-
sammelte Heinrich der Seefahrer
Nautiker aus aller Welt um sich.
Hinter dem Eingang links gibt
eine steinerne Windrose mit 43 m
Durchmesser Rätsel auf.

Die Atlantikküste zwischen
Sagres und Lagos ist touristisch
erschlossen, aber nicht zugebaut.
Über Stichstraßen erreicht man
von **Raposeira** aus (vor Vila do
Bispo) so manchen stillen Strand.

12 **Cabo de São Vicente

6 km westlich von Sagres liegt das
berühmte Kap des hl. Vinzenz.
Grandios ist der Blick über die
60 m hohe brandungsumtoste
Steilküste. Ein Leuchtturm wacht
seit dem 19. Jh. über die südwest-
lichste Spitze Europas. Sein Licht
ist weithin sichtbar.

Infos von A–Z

Ärztliche Versorgung, Apotheken

Für einen Arztbesuch benötigt man die Europäische Krankenversicherungskarte (EHIC). Gegen deren Vorlage erhält man im Gesundheitszentrum (Centro de Saúde) ein *Livrete de Assistencia Medica*. Dieses Heft dient auch zur Überweisung an Fachärzte.

Der Abschluss einer privaten Auslandskrankenversicherung ist zu empfehlen, denn im Gegensatz zur gesetzlichen garantiert sie die freie Arztwahl und den Rücktransport im Notfall.

Über den **Notruf 112** kann man ärztliche Hilfe anfordern. Jedes Hospital hat eine Notaufnahme *(urgência)*.

Apotheken *(farmácias)* haben Mo–Fr 9–13, 15–19 und Sa 9–13 Uhr geöffnet; überall gibt es Nacht- und Sonntagsdienste.

Diplomatische Vertretungen

Deutschland
■ **Botschaft Lissabon,** Campo dos Mártires da Pátria 38, 1169-043 Lisboa, Tel. 218 810 210, Fax 218 853 846, www.lissabon.diplo.de
■ **Honorarkonsulat Faro,** Urb. Infante Dom Henrique, Lote 11, R/C, 8000-490 Faro, Tel. 289 803 148, 289 803 181, Fax 289 801 346, www.honorarkonsul-faro.de

Österreich
■ **Botschaft Lissabon,** Av. Infante Santo 43, 1399-046 Lisboa, Tel. 213 943 900, Fax 213 958 224, www.bmeia.gv.at
■ **Honorarkonsulat Porto,** Praça de Bom Sucesso 123, 8°, Tel. 226 053 000, Fax 226 053 002, austriaconsul@mail.telepac.pt
■ **Honorarkonsulat Albufeira,** Rua Ramalho Ortigão, Praia da Oura,

Tel. 289 510 900, Fax 289 510 999, consulaustria@hotmail.com
Schweiz
■ **Botschaft Lissabon,** Travessa do Jardim 17, 1350-185 Lisboa, Tel. 213 944 090, Fax 213 955 945, www.eda.admin.ch/lisbon
■ **Konsulat Porto,** Rua do Carvalho 10211, 4150-192 Porto, Tel. 225 321 433 consulado-suico@vianw.pt

Einreise

Bei einem Aufenthalt bis zu 90 Tagen genügt für Deutsche, Österreicher und Schweizer der Personalausweis bzw. die nationale Identitätskarte.

Elektrizität

Die Netzspannung beträgt in ganz Portugal 220 Volt Wechselstrom.

Feiertage

■ 1. Januar (Ano Novo, Neujahr)
■ Karfreitag (Sexta-feira Santa)
■ 25. April (Dia da Liberdade, Jahrestag der Revolution von 1974)
■ 1. Mai (Tag der Arbeit)
■ Fronleichnam (Corpo de Deus)
■ 10. Juni (Dia de Camões)
■ 15. August (Assunção, Mariä Himmelfahrt)
■ 5. Oktober (Dia da República)
■ 1. November (Todos-os-Santos, Allerheiligen)
■ 1. Dezember (Restauração, Unabhängigkeitstag)
■ 8. Dezember (Imaculada Conceição, Mariä Empfängnis)
■ 25. Dezember (Natal, Weihnachten)
Hinzukommen kommunale Feiertage, z.B. in Lissabon das Fest des hl. Antonius, des Stadtpatrons, am 13. Juni; in Porto das Johannisfest am 24. Juni.

Geld

In Portugal zahlt man mit Euro (Wechselkurse für CHF (› Umschlagklappe vorne). Mit Maestro- bzw. Kreditkarte kann in Städten und Tourismuszentren an PIN-Geldautomaten (Multibanco) Bargeld bis zu 200 € pro Tag abgehoben werden. Die Gebühren variieren je nach Bankinstitut. In Urlaubsorten akzeptieren Hotels, Restaurants und Geschäfte oft auch die gängigen Kreditkarten.

Information

■ **Internet:** www.visitportugal.com (Download von Broschüren, Podcasts etc. möglich)
■ **In Deutschland:**
TURISMO DE PORTUGAL –
aicep PORTUGAL GLOBAL
Zimmerstr. 56, 10117 Berlin
Info-Hotline: 01 80-5 00 49 30
(Ortstarif)
■ **In Österreich:**
Opernring 1, 1010 Wien, Info-Hotline: 08 10-90 06 50 (Ortstarif)
■ **In der Schweiz:**
Zeltweg 15, 8032 Zürich, Info-Hotline: 08 00-10 12 12 (Ortstarif)
■ Bei der Urlaubsplanung behilflich ist auch der Portugal-Spezialveranstalter **Olimar**, Glockengasse 2, 50667 Köln, Tel. 02 21/20 59 00, Fax 20 59 05 99, www.olimar.de

Internet, E-Mail

In jeder größeren Stadt und den Touristenorten gibt es Internetcafés, wo man seine E-Mails abrufen kann. In vielen Hotels sind WLAN-Zonen für den drahtlosen Internetzugang eingerichtet.

Kleidung

Strandkleidung ist in Städten und insbesondere beim Besuch von Kirchen unangebracht. Pullover bzw. eine Jacke braucht man an der Westküste und in Bergregionen abends auch im Sommer.

Mietwagen

Der Fahrer eines Mietwagens muss 21 Jahre alt und mindestens ein Jahr im Besitz der Fahrerlaubnis sein. Bei Übernahme des Fahrzeugs ist üblicherweise eine Kreditkarte vorzulegen. Der Mietvertrag muss unterwegs mitgeführt werden. Es ist deutlich preiswerter, Mietwagen in Deutschland zu buchen. Informationen zu wichtigen **Verkehrsregeln** und **Pannendienst:** › S. 19.

Notruf

Im ganzen Land gilt für Polizei und Ambulanz die Notrufnummer **112**. An den Autobahnen stehen orangefarbene Notrufsäulen zur Verfügung.

Öffnungszeiten

■ **Banken:** Mo–Fr 8.30–14.30/15 Uhr, in größeren Städten durchgehend.
■ **Geschäfte:** Mo–Fr 9–13, 15–19, Sa 9–13 Uhr, Supermärkte auch durchgehend. In den großen Einkaufszentren öffnen die Läden erst um 10 Uhr oder am Nachmittag und schließen erst um 24 Uhr, auch am Wochenende.
■ **Museen:** Die meisten Museen sind Mo geschlossen, mit Ausnahme der Schlösser bei Lissabon (Mafra, Queluz, Sintra), die Di bzw. Mi Ruhetag haben. Museumsöffnungszeiten können sich kurzfristig ändern. Üblich ist: 10–12.30 und 14–17.30 Uhr (außer an Feiertagen und am wöchentlichen Ruhetag).
■ **Postämter:** Mo–Fr 9–18 Uhr.

Post

Briefmarken *(selos)* kaufen kann man außer in den Postämtern *(correio)* in Cafés und Läden mit dem Zeichen *CTT* (rotes Pferd auf grünem Grund).

Sicherheit

Gewaltverbrechen sind in Portugal vergleichsweise selten, in den Tourismus-Hochburgen der Algarve und in Lissabon und Umgebung, ist man aber vor

Diebstählen nicht sicher. Deshalb: Nie Wertsachen im Auto liegen lassen. Vorsicht vor virtuosen Taschendieben – vor allem in Lissabon! Manchmal tauchen nach einem Diebstahl die Dokumente wieder auf, sodass man bei der Polizei mehrfach nachfragen sollte.

Souvenirs

Als Mitbringsel eignen sich Süßweine (Portwein, Moscatel de Setúbal) sowie handbemalte Keramik (vielfältiges Angebot von rustikal bis modern) oder bemalte Fliesen *(azulejos)*. Filigraner Silber- und Goldschmuck wird rund um Porto hergestellt.

Aus dem Norden (Viana do Castelo) und aus Madeira kommen Wollpullover und bestickte Tischdecken. Arraiolos-Teppiche aus dem Alentejo sind ebenfalls handgestickt. Preiswert sind auf den Märkten Korbwaren, ferner im Allgemeinen Schuhe und Lederwaren.

Taxis

Taxifahren ist in der Regel vergleichsweise preiswert. In den Städten gilt der Preis des Taxameters; außerhalb der Stadtgrenze wird nach Kilometern abgerechnet. Bei längeren Touren sollte man den Preis vor Fahrtantritt vereinbaren.

Telefon, Handy

Telefonieren kann man überall mit Telefonkarten *(Credifone Card* oder *Telecom Card)*, erhältlich bei der Post, in Läden von Telecom Portugal und in Schreibwaren-/Tabakgeschäften mit dem CTT-Zeichen. Ermäßigter Nachttarif für Auslandsgespräche (0–7 Uhr).

Inlandsauskunft: 118. Im Internet: www.portugaltelecom.pt

Alle Telefonnummern innerhalb Portugals bestehen aus neun Ziffern.

In Portugal gibt es ein flächendeckendes **Mobilfunknetz.** GSM-Handys funktionieren problemlos. Nur in Berg-regionen kommt es manchmal zu Schwierigkeiten beim Empfang.

Internationale Vorwahlnummern: Deutschland 00 49; Österreich 00 43; Schweiz 00 41; Portugal 00 351.

Trinkgeld

In den Restaurantpreisen ist das Bedienungsgeld enthalten; ein angemessenes Trinkgeld (rund 10 %) ist jedoch üblich, ebenso im Hotel. Bei Taxifahrern rundet man den Fahrpreis auf.

Zeit

In Portugal gilt die Greenwich-Zeit, d.h. es ist 1 Std. früher als in Mitteleuropa, wo die MEZ gilt. Die Uhr muss also zurückgestellt werden, auch während der Sommerzeit, die auch in Portugal gilt.

Zoll

Für Reisende aus EU-Ländern sind Waren des persönlichen Gebrauchs zollfrei (Richtmengen: 800 Zigaretten, 10 l Spirituosen ab 15 bzw. 17 Jahren). Reduzierte Freimengen gelten für Schweizer: 2 l alkoholische Getränke mit weniger und 1 l mit mehr als 15 Vol.-% Alkoholgehalt, 200 Zigaretten oder 50 Zigarren. Souvenirs sind bis 300 CHF pro Person zollfrei.

Die Ein-/Ausfuhr von Devisen unterliegt in der EU keinen Beschränkungen, Landes- und Fremdwährungen im Wert von über 10 000 € sind zu deklarieren.

Urlaubskasse	
Kaffee	ca. 0,60 €
Milchkaffee	ca. 1,50 €
Softdrink	ca. 1,50 €
Glas Bier	1,50–2 €
Pastéis de nata	ab 0,75 €
Eis	1,50 €
Taxifahrt (pro km)	ca. 1 €
Mietwagen/Tag	ab 20 €

Register

Abrantes 103
Afonso Henriques 34, 51, 67, 68, 85, 86, 111
Afonso IV. 98
Albufeira 157
Alcácer do Sal 148
Alcobaça 98
Alentejo 9, **136**
Algarve 9, **149**
Aljubarrota 97
Almeirim 104
Alpiarça 104
Alter do Chão 144
Álvares, Pedro 34
Alvito 146
Amarante 64
Anreise 18
Apotheken 161
Architektur 38
Arraiolos 141
Arruda, Francisco de 102
Ärztliche Versorgung 161
Autofahren 19
Aveiro 92
Azeitão 134
Azulejos 37, 121

Barcelos 69
Barroso, José Manuel 35
Batalha 96
Beja 145
Berlenga-Inseln 101
Bevölkerung 32
Bom Jesús do Monte 68
Borba 142
Boytac, Diogo 86, 102
Braga 68
Bragança 75
Buçaco, Wald von 90

Cabo da Roca 132
Cabo de São Vicente 160
Caetano, Marcelo 35
Calatrava, Santiago 40, 126
Caldas da Rainha 100
Caldas de Monchique 158
Caldas do Gerês 72

Caminha 71
Camões, Luís de 41, 43, 83, 125
Campo do Gerês 72
Caramulo 92
Cascais 133
Castelo de Vide 144
Castilho, Diogo de 86, 102
Castilho, João de 86, 102, 124
Castro Marim 156
Castro, Inês de 88, 98
Chamusca 104
Chanterène, Nicolas de 39, 86, 102, 124
Chaves 76
Citânia de Briteiros 68
Coimbra **83**
- Alte Universität 85
- Arco de Almedina 84
- Jardim Botânico 87
- Largo da Portagem 84
- Mosteiro de Santa Cruz 86
- Palácio de Sub-Ripas 84
- Parque de Santa Cruz 87
- Parque Verde do Mondego 88
- Praça da República 87
- Praça do Comércio 87
- Quinta das Lágrimas 88
- Rua da Sofia 86
- Santa Clara-a-Nova 87
- Santa Clara-a-Velha 87
- Sé Nova 86
- Sé Velha 84
Conímbriga 89
Costa da Caparica 134
Costa do Estoril 133
Costa Nova 93
Costa Verde 8, 71
Covilhã 95
Crato 144
Curía 91

Dão-Tal 91
Dias, Bartolomeu 34
Dinis I. 79, 101, 142

Diplomatische Vertretungen 161
Douro 54
Douro-Tal 75

Eiffel, Gustave 40, 58
Einreise 161
Elektrizität 161
Elvas 145
Essen und Trinken 45
Estói 153
Estoril 133
Estremoz 141
Évora 140

Fado 42, 122
Faro 153
Fátima 43, 97
Feiertage 161
Feste & Veranstaltungen 43
Figo, Luís 23, 157
Figueira da Foz 90
Filipa de Lencastre 56, 96
Furadouro 93
Fußball 23

Gama, Vasco da 34, 38, 124, 125, 148
Geld 162
Geschichte 34
Golegã 104
Golf 22, 64
Gouveia 94
Guarda 95
Guimarães 67

Heinrich der Seefahrer 34, 56, 60, 96, 101, 160
Heinrich von Burgund 34, 68

Ilha Deserta 154
Ilhavo 93
Information 162
Internet 162

João I. 34, 38, 56, 96
João III. 85, 125
João V. 35, 85, 129

Jorge, Lídia 41
José I. 114
Junqueiro, Guerra 58

Kinder 24
Klima und Reisezeit 17
Kunst und Kultur 37

Lagos 159
Lalique, René 120
Lamego 73
Leiria 96
Lissabon 105, 107, 111
■ Ajuda-Palast 126
■ Alfama 116
■ Avenida da Liberdade 117
■ Bahnhof Oriente 126
■ Bairro Alto 119
■ Baixa 113
■ Belém 124
■ Casa do Fado e da Guitarra Portuguesa 123
■ Castelo de São Jorge 116
■ Chiado 118
■ Igreja do Carmo 118
■ Jardim Botânico 118
■ Miradouro de Santa Luzia 117
■ Miradouro de São Pedro de Alcântara 119
■ Mosteiro dos Jerónimos 124
■ Museu Calouste Gulbenkian 119
■ Museu Colecção Berardo 125
■ Museu Nacional de Arte Antiga 120
■ Museu Nacional do Azulejo 120
■ Museu Nacional dos Coches 126
■ Museu Oriente 120
■ Oceanário 25, 126
■ Oper São Carlos 118
■ Padrão dos Descobrimentos 125
■ Palácio dos Marqueses da Fronteira 121
■ Parque das Nações 126
■ Parque Eduardo VII 118
■ Praça do Comércio 114
■ Praça dos Restauradores 117
■ Rossio 112
■ Santo António da Sé 117
■ São Vicente de Fora 117
■ Sé (Kathedrale) 117
■ Torre de Belém 124
Literatur 41
Lobo Antunes, António 41
Ludwig, Johann Friedrich (Ludovice) 39, 129
Luso 91

Machado de Castro, Joaquim 40, 129
Madredeus 42
Mafra 129
Magellan, Ferdinand 34, 77
Mangualde 94
Manteigas 95
Manuel I. 34, 38, 86, 101, 102, 111, 114, 124, 125
Manuelinik 38, 86, 102
Marvão 144
Mértola 147
Mietwagen 19, 162
Milreu 153
Minho 8, 52
Miranda do Douro 75
Miróbriga 148
Monção 72
Monsaraz 147
Montesinho, Naturpark 76
Mountainbiking 20
Moura 147
Musik 42, 122

Nasoni, Niccolò 39, 58
Natur und Umwelt 36
Naturparks 21
Naturschutzgebiete 36
Nazaré 99
Notruf 162

Óbidos 100
Óbidos, Josefa de 40
Öffnungszeiten 162
Olhão 154
Ozeanarium 25, 126

Palmela 135
Passos Coelho, Pedro 33
Pedro I. 58, 96, 98
Penacova 91
Peneda-Gerês, Nationalpark 21, 72
Peniche 100
Peso da Régua 73
Pessoa, Fernando 41, 45
Pinhão 74
Politik und Staat 33
Pombal, Marquês de 35, 40, 57, 111
Ponta da Piedade 160
Ponte de Lima 72
Portalegre 144
Portel 146
Portimão 159
Porto 55
■ Bahnhof São Bento 58
■ Cais da Ribeira 59
■ Casa da Música 64
■ Casa Museu Guerra Junqueiro 58
■ Castelo de Queijo 64
■ Igreja da Misericórdia 60
■ Igreja dos Grilos 59
■ Igreja Santa Clara 58
■ Igreja Santo Ildefonso 61
■ Jardim João Chagas 61
■ Kathedrale (Sé) 58
■ Mercado do Bolhão 61, 63
■ Museu de Arte Contemporânea 62
■ Museu Nacional Soares dos Reis 61
■ Nossa Senhora da Vitória 61
■ Palácio da Bolsa 60
■ Portweininstitut 62, 66
■ Praça da Liberdade 57
■ Praça da Ribeira 59
■ Praça Gomes Teixeira 61
■ Torre dos Clérigos 61
Porto Covo 148
Portwein 65, s. auch Wein
Post 162
Pousadas 13, 26, 28
Póvoa de Varzim 71
Praia do Guincho 132

Queluz 129
Quinta da Bacalhoa 135
Quinta de Marim 154
Quinta do Lago 157

Rafting 20
Raposeira 160
Redondo 143
Reisen im Land 18
Religion 32
Reserva Natural do Sapal de
    Castro Marim 156
Ria Formosa, Naturpark 154
Ribatejo 104
Rodrigues, Amália 122
Rouen, Jean de 39, 85, 102

Sabrosa 77
Sabugeiro 95
Sagres 160
Salazar, António 35, 57, 91,
    112
Sancho I. 86
Santa Comba Dão 91
Santarém 104
Santiago do Cacém 148
São Frutuoso 68
São Martinho do Porto 99
São Pedro de Sintra 132
Saramago, José 39, 41, 129
Sebastião I. 125, 159
Segeln 22
Sequeira, Domingos António
    de 40
Serpa 146
Serra da Arrábida 134
Serra da Estrela 82, 94
Serra de Alvão 77
Serra de Monchique 158
Serra de Sintra 130
Serra do Caramulo 92
Sesimbra 134
Setúbal 110, 135
Sicherheit 162
Silva, Aníbal Cavaco 33, 35
Silva, António José da 86
Silves 158
Sines 148
Sintra **130**
    ▪ Castelo dos Mouros 130
    ▪ Convento dos
        Capuchos 132

    ▪ Paço Real 130
    ▪ Palácio da Pena 131
    ▪ Parque da Pena 131
    ▪ Parque de Monserrate
        131
Siza Vieira, Álvaro 40, 41, 88
Sócrates, José 35
Souvenirs 163
Souza-Cardoso, Amadeu
    de 64
Strandtipps 156

Tauchen 21
Taveira, Tomás 40, 41
Tavira 155
Taxis 163
Telefonieren 163
Terzi, Felipe 39
Tomar 101
Tombazis, Alexandros 40
Torralva, Diogo de 39, 125
Torreira 93
Trás-os-Montes 54
Trinkgeld 163
Tui 71

Unterkunft 26

Vale do Lobo 157
Valença do Minho 71
Vasco, Grão 79, 93
Verkehrsregeln 19
Viana do Castelo 69
Vicente, Gil 41
Vila do Conde 71
Vila Franca de Xira 104
Vila Nogueira de
    Azeitão 134
Vila Nova de Gaia 55, 65
Vila Praia de Âncora 71
Vila Real de Santo António
    156
Vila Real 77
Vila Viçosa 143
Vilamoura 157
Vinho Verde 52, 71
Viseu 93

Wandern 20, 21
Wasserparks 24
Wein 15, 47, 65, 71, 73, 75,
    77

Wellness 22, 27
Windsurfen, Wellenreiten
    20
Wirtschaft 33

Zeit 163
Zoll 163
Zoomarine 25

Bildnachweis

APA Publications/Mark Read: U2-Top12-1, U2-Top12-7, 55, 59, 69, 70, 73, 74, 76, 96, 99, 102, 109, 116, 120, 126, 134, 157; Bildagentur Huber/Giovanni: 142, 145; Bildagentur Huber/Gräfenhain: 6, 125; Bildagentur Huber/Spila Riccardo: 141; Bildagentur Huber/R. Schmid: 46; Bildagentur Huber/G. Simeone: U2-Top12-4, 30, 85, 92; Bildagentur Huber/Scatè Stefano: U2-Top12-3; Bildagentur Huber/Szyszka: 42; Enatur/Pousadas de Portugal: 28; Fotolia.com/Silvia Antunes: U2-Top12-8; Fotolia/avaz: 14; Fotolia/Carlos Caetano: 9; Fotolia/Daniel: U2-Top12-11; Fotolia/freezing_time: 12; Fotolia/Johann Girard-Cheron: 2-2; Fotolia/idavisso: 132; Fotolia/Ekaterina Krasnikova: 2-3; Fotolia/andy laurence: U2-Top12-12; Fotolia/Mario Matos: U2-Top12-9; Fotolia/Andreas Safreider: 34; Fotolia/Patric Schmid: 47; Fotolia/the_stalkerpt: 2-1; Fotolia/TMAX: 8; Fotolia/Tueksta: 110; Jupiterimages/Everts: U2-Top12-2; Jupiterimages/K. Thiele: 23; laif/4SEE/Luis Faustino: 97; laif/Le Figaro Magazine: 60; laif/Hemispheres: 44, 48, 90; laif/Hans-Bernhard Huber: 149; laif/Kristensen: 122; laif/Raach: U2-Top12-10; laif/Zanettini: 24, 65; Sabine von Loeffelholz: 155, 160; LOOK-foto/Aldo Acquadro: 50; LOOK-foto/age fotostock: 88, 101; LOOK-foto/Hauke Dressler: 158; LOOK-foto/Karl-Heinz Raach: 18; LOOK-foto/Jürgen Richter: 11; LOOK-foto/T. & H. Herzig: U2-Top12-5,; LOOK-foto/Thomas Peter Widmann: 78, 95, 105, 136; mauritius-images/CuboImages: 26; mauritius-images/imagebroker/Martin Moxter: 41; mauritius-images/Cro Magnon/Alamy: 38; mauritius-images/Rene Truffy: 119; Heidrun Reinhard: 37, 63, 87; pixelio/Gerd Schneider: U2-Top12-6; Martin Thomas: 131, 146; Ernst Wrba: 152.

Polyglott im Internet: www.polyglott.de

Impressum

Wir freuen uns, dass Sie sich für einen Reiseführer aus dem Polyglott-Programm entschieden haben. Auch wenn alle Informationen aus zuverlässigen Quellen stammen und sorgfältig geprüft sind, lassen sich Fehler nie ganz ausschließen. Wir bitten um Verständnis, dass der Verlag dafür keine Haftung übernehmen kann. Ihre Hinweise und Anregungen sind uns wichtig und helfen uns, die Reiseführer ständig weiter zu verbessern. Bitte schreiben Sie uns:

GVG TRAVEL MEDIA GmbH, ein Unternehmen der GANSKE VERLAGSGRUPPE
Redaktion Polyglott, Harvestehuder Weg 41, 20149 Hamburg, redaktion@polyglott.de

Wir wünschen Ihnen eine gelungene Reise!

Bei Interesse an Anzeigen:
b.biersack@bayerwaldmedia.de, Tel. 09971 / 996 98-0

Herausgeber: GVG TRAVEL MEDIA GmbH
Redaktionsleitung: Grit Müller
Autorin: Heidrun Reinhard · Neukonzeption: Elke Homburg
Specials: Elke Homburg (Kinder), Hannerl Neumann (Fado), Wolfgang Rössig (Portwein), Kirsten Wulf (Pousadas)
Lektorat/Redaktion: Annette Pundsack, Redaktion A–Z, Köln
Bildredaktion: GVG TRAVEL MEDIA GmbH und Annette Pundsack
Layout: Ute Weber, Geretsried
Titeldesign-Konzept: Studio Schübel Werbeagentur GmbH, München
Karten und Pläne: Kartografie GVG TRAVEL MEDIA GmbH, Hamburg
Satz: Birgit Beyer, Annette Pundsack; Schulz Bild & Text, Mainz
Druck und Bindung: Stürtz Mediendienstleistungen, Würzburg

Langenscheidt Mini–Dolmetscher Portugiesisch

Allgemeines

Guten Tag.	Bom dia. [bõ **dia**]
Hallo!	Olá! [**ola**]
Wie geht's?	Como está? [komu‿**ischta**]
Danke, gut.	Tudo bem, obrigado (m.) / obrigada (w.). [**tu**du bẽj ubri**ga**du / ubri**ga**da]
Ich heiße ...	Chamo-me ... [**scha**mu‿me]
Auf Wiedersehen.	Até logo / Adeus. [a**te lo**gu / a**de**·usch]
Morgen	manhã [ma**njã**]
Nachmittag / Abend	tarde [**tard**ə]
Nacht	noite [**nojt**ə]
morgen	amanhã [ama**njã**]
heute	hoje [**oschə**]
gestern	ontem [**õntĕj**]
Sprechen Sie Deutsch / Englisch?	Fala alemão / inglês? [**fala**‿alə**mãu** / in**glesch**]
Wie bitte?	Como, desculpe? [**komu** dischkulpə]
Ich verstehe nicht.	Não entendo. [nãu ĩn**tĕn**du]
Sagen Sie es bitte nochmals.	Se faz favor, repita. [sə **fas** fawor re**pi**ta]
Bitte, ...	Se faz favor, ... [sə **fas** fawor]
danke	obrigado (m.) / obrigada (w.) [ubri**ga**du / ubri**ga**da]
was / wer / welcher	o que / quem / qual [u ke / kẽj / kwal]
wo / wohin	onde / para onde [**õnd**ə / **para õnd**ə]
wie / wie viel	como / quanto [**komu** / **kwãn**tu]
wann / wie lange	quando / quanto tempo [**kwãn**du / **kwãn**tu **tĕm**pu]
warum	porquê [pur**ke**]
Wie heißt das?	Como se diz? [**komu** sə **dis**]
Wo ist ...?	Onde está / Onde fica ...? [**õnd**ə‿ischta / **õnd**ə‿fika]
Können Sie mir helfen?	Podia-me ajudar? [pu**dia**‿mə asu**dar**]
ja	sim [sĩ]
nein	não [nãu]
Entschuldigen Sie.	Desculpe. [dischkulpə]
Das macht nichts.	Não faz nada. [nãu **fas na**da]
Gibt es hier eine Touristeninformation?	Há por aqui uma informação turística? [a pur‿**a**ki **u**ma ĩnfurma**sãu** tu**risch**tika]

Shopping

Wie viel kostet das?	Quanto custa isto? [**kwãn**tu **kusch**ta **isch**tu]
Das ist zu teuer.	É caro demais. [e **ka**ru də**maisch**]
Das gefällt mir (nicht).	Eu (não) gosto disso. [eu (**nãu**) **gosch**tu **di**ssu]
Wo ist hier eine Bank?	Onde há um banco? [**õnd**ə a ũ‿**bãn**ku]
Ich möchte 100 g Käse / zwei Kilo Orangen.	Queria cem gramas de queijo / dois kilos de laranjas. [ke**ria** sẽj **gra**masch də **kej**su / dojsch **ki**lusch də la**rãn**schasch]
Haben Sie deutsche Zeitungen?	Tem jornais alemães? [tẽj su**rnajsch** alə**mãjsch**]
Wo kann ich telefonieren?	Onde posso telefonar [**õnd**ə **po**ssu telefu**nar**]

Essen und Trinken

Die Speisekarte bitte.	A ementa, se faz favor. [a e**mĕn**ta sə **fas fawor**]
Brot	pão [pãu]
Kaffee	café [ka**fe**]
Tee	chá [scha]
mit Milch / Zucker	com leite / açúcar [kõ **leit**ə / a**ßu**kar]
Orangensaft	sumo de laranja [**ßu**mu də la**rãn**scha]
Suppe	sopa [**ßo**pa]
Fisch / Meeresfrüchte	peixe / mariscos [**peisch**a / ma**risch**kusch]
Fleisch / Geflügel	carne / aves [**karn**ə / **awᵊsch**]
vegetarisches Gericht	prato vegetariano [**prato** wəsehətarjanu]
Eier	ovos [**owusch**]
Salat	salada [sa**la**da]
Dessert	sobremesa
Obst	[sobrəmesa] fruta [**fru**ta]
Eis	gelado [seheladu]
Wein	vinho [**wi**nju]
weiß / rot / rosé	branco / tinto / rosé [**brãn**ku / **tĩn**tu / rose]
Bier	cerveja [serwesehа]
Wasser	água [**ag**wa]
Mineralwasser	água mineral [**ag**wa mine**ral**]
mit / ohne Kohlensäure	com gas / sem gas [kõ gas / ßẽj gas]
Limonade	limonada [limo**na**da]
Ich möchte bezahlen.	A conta, se faz favor. [a **kõn**ta, sə **fas fawor**]